多动症儿童的科学教养

——写给多动症儿童的父母

第2版

主　编　苏林雁

副主编　王　洪

编　者（以姓氏拼音为序）
曹枫林　程道猛
范　方　耿耀国
黄广文　金　宇
李　飞　刘　军
苏巧荣

人民卫生出版社

图书在版编目（CIP）数据

多动症儿童的科学教养：写给多动症儿童的父母 /
苏林雁主编. -- 2版. -- 北京：人民卫生出版社，2018
　ISBN 978-7-117-27004-5

　Ⅰ.①多…　Ⅱ.①苏…　Ⅲ.①儿童多动症 – 儿童教育
– 家庭教育　Ⅳ.①G766

中国版本图书馆 CIP 数据核字（2018）第 166181 号

| 人卫智网 | www.ipmph.com | 医学教育、学术、考试、健康，购书智慧智能综合服务平台 |
| 人卫官网 | www.pmph.com | 人卫官方资讯发布平台 |

多动症儿童的科学教养——写给多动症儿童的父母
第 2 版

主　　编：苏林雁
出版发行：人民卫生出版社（中继线 010-59780011）
地　　址：北京市朝阳区潘家园南里 19 号
邮　　编：100021
E - mail：pmph @ pmph.com
购书热线：010-59787592　010-59787584　010-65264830
印　　刷：保定市中画美凯印刷有限公司
经　　销：新华书店
开　　本：710×1000　1/16　印张：13
字　　数：220 千字
版　　次：2008 年 8 月第 1 版　2018 年 8 月第 2 版
　　　　　2025 年 10 月第 2 版第 27 次印刷（总第 32 次印刷）
标准书号：ISBN 978-7-117-27004-5
定　　价：30.00 元

打击盗版举报电话：010-59787491　E-mail：WQ @ pmph.com
（凡属印装质量问题请与本社市场营销中心联系退换）

序

　　儿童多动症是一种患病率较高的儿童心理障碍，也是国内外研究较早的儿童心理障碍之一。国外研究已逾百年，国内研究也已近半个世纪。已出版的书刊、论文数以万计，在病因、症状、诊断和治疗的研究方面均有长足进步。目前虽尚未能完全发现本病的病因，以及100%有效的治疗方法；但早期开始、坚持较长期的综合药物治疗、行为矫正、合适的教育，和在必要时开展家庭心理治疗，可明显改善预后，有利于患儿成才。大量临床及长期追踪研究发现：本症自愈的概率不大，如不在儿童期及时治疗，有相当多的患儿学业无成，成人后工作不稳定，家庭不和睦，给自己及家人带来很多烦恼；甚至违纪犯法，给社会造成不安定因素。并且，这类患儿成人后出现各种精神疾病、人格障碍的概率也明显高出一般儿童。还有部分患儿的症状可能一直保持到成年，成为成人多动症患者。精神兴奋剂等药物对控制患儿的注意力不集中等症状疗效甚好；但要彻底解决问题，则必须同时给予行为矫正和教育，且须坚持较长时期，才能取得较理想的效果。

但是，应如何教育这类特殊的儿童？家长感到痛苦与无助，老师感到焦虑与无奈。在这里我向大家推荐由苏林雁主编、王洪副主编的《多动症儿童的科学教养——写给多动症儿童的父母（第2版）》一书。本书是一本面向家长和老师的书，是一本较好的科普读物，深入浅出地介绍了有关多动症的知识，使父母能早期发现自己孩子的问题，运用科学的方法管理教育，避免儿童多动症向不良的结局发展。本书用较大篇幅介绍了行为矫治的步骤，如何管理患儿的不良行为问题，如何帮助患儿解决叛逆心理，如何向孩子说"不"，如何帮助患儿提高学习成绩，改善伙伴、同学关系，以及提高自我控制力的方法。同时帮助家长正确认识药物治疗和掌握药物的应用方法。家长如何与老师紧密联系、互相配合，是帮助儿童改善学校行为和提高学习成绩关键的教育方式。本书除了是家长和老师必备的，兼具科学性、先进性和实用价值的参考读物外，也可作为儿童心理卫生工作者、儿科医生、社会工作者和家庭教育工作者的精品参考书。

李雪荣

于中南大学湘雅二医院

2018 年 2 月

前言

孩子注意力不集中，不专心学习，不能控制自己的行为，这给望子成龙的父母带来很多烦恼；儿童多动症比较公认的患病率为5%，这意味着以全国4亿儿童计，就有两千万儿童患多动症，有四千万父母在为教育孩子苦恼。面对天真无邪的孩子，面对痛苦无奈的家长，面对焦虑万分的老师，我在思索：我能为他们做什么呢？怎样才能帮助他们呢？

本书向父母们介绍了有关多动症的知识，希望父母们理解，孩子不听话、顽皮捣蛋是大脑管理行为的中枢发育不良所致，简单地用提醒、批评、惩罚来纠正他们，让他们对自己的行为负责，是无济于事的。

本书用较大篇幅介绍了由父母实施行为矫治的步骤，如何帮助孩子提高学习成绩、提高自我控制力、改善同伴关系，如何建立家校联系帮助儿童改善学校行为，以及如何陪伴和帮助孩子度过青春期；还介绍了正确认识和应用药物治疗的知识和方法。本书可操作性强，一步一步地指导父母去实施切实可行的矫治方法，使父母们体会到，原来心理治疗并不神秘，每做一步，都能感受到孩子的进步和成长，使孩子、自己和家庭都获益。

本书第1版于2008年出版，深受读者欢迎。时隔10年，国内外对多动症的病因有了更多的认识，对多动症的共患病有了更深入的研究，治疗和干预的新方法层出不穷，本书对这些新进展也进行了重点介绍。

很荣幸请到资深儿童精神病学家、中南大学精神卫生研究所教授、博士生导师，中国心理卫生协会儿童心理卫生专业委员会荣誉主任委员李雪荣教授为本书作序，在此表示衷心感谢！各位作者在百忙中参与撰写本书，对他们辛勤的劳动，深表谢意。

苏林雁

2018年5月

目录

第一章

认识儿童多动症

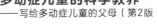
儿童 多动症，学名为注意缺陷／多动障碍（英文缩写 AD/HD）是一种儿童时期常见的行为障碍，主要表现为持久而广泛的注意力不集中、多动、冲动，常与学习困难、对立违抗障碍、品行障碍、抽动症及情绪问题共同存在。

第一节　科学家是怎样发现多动症的

让我们来回顾一下多动症作为一种疾病被认识的过程，通过这个过程，我们可以看到，科学家们正在逐渐接近对人类心理、行为的本质的了解。因为行为问题不像发热、肺炎，有明确的检查指标，多动症和正常人之间缺乏清楚的界限，对于这样一些涉及人类高级心理活动的问题，科学家们经历了100多年的认识过程。

早在1854年，德国的哈夫曼写了一首关于好动男孩菲利普的诗配画。

"让我们看看他能否在桌旁安静地坐一刻"，爸爸这样吩咐菲尔；但是顽皮的菲尔，他不能安静地坐着，他扭动着，嬉笑着；

"菲尔，我要生气了！"妈妈瞪大眼睛，严厉地说，

可是菲尔还在摇摆着，砰……哗啦……，菲尔仰面朝天倒在地上，

桌上的饭菜洒在地上，一片狼藉……

……

这可能是最早对儿童多动行为的描述，当时父母们觉察到这些孩子难于管理，但是还没有认识到是病态，希望随着年龄的增长这些行为问题会消失。当时也没有找到合适的处理方法，只能对他们严加管束，其结果当然是

无济于事。当这些问题持续到青少年期，这些孩子又会被看做是行为古怪、粗鲁、易激动的社会另类，而对他们采取厌弃的态度。

1902 年英国医师司提尔爵士第一次在医学文献上报道了 24 个多动的孩子，认为他们在学习控制自己的行为和遵守社会规范时出了问题，病因可能属于神经病学范畴，而且惩罚对这些行为没有效果。

1917—1918 年脑炎大流行，医生们发现一些儿童患脑炎恢复后，出现了多动症状，联想到与多动症的行为有类似之处，认为多动症的病因亦为脑损伤，而将这种现象命名为"儿童脑损伤综合征"。当时的治疗办法是采用一间特殊教室，除了与讲课内容有关的必要用具外，教室不挂装饰品，老师都穿着朴素，不佩戴任何首饰，认为这样可以减少学生分心。

1937 年，一位名叫布雷德利的医生将一种兴奋性药物 D- 安非他明试用于有行为问题的儿童，发现其在改善行为和提高完成作业的能力方面有着戏剧性的效果，这一发现被誉为儿童精神药理学的开端。

随后几十年的研究发现，大多数多动症儿童并没有大脑的损伤。1963 年，在英国牛津召开的国际儿童神经病学研讨会上，专家提出在该症的病因尚未明确之前，暂时使用轻微脑功能失调（简称 MBD）这一诊断名称。这一术语到现在还用于一些脑损害患儿。

在 20 世纪 60 年代，医生们注意到这些儿童的多动行为，而命名为"儿童多动综合征"，并把孩子的行为问题归咎于父母教养不当，认为是情绪问题导致了儿童的多动症状，并应用长程的游戏治疗或心理治疗来解决情绪问题。

20 世纪 80 年代，人们认识到多动症存在认知缺陷，开始研究注意的本质以及多动症的注意特征，诊断名称也相应改为：注意缺陷障碍（简称 ADD）。治疗方案包括：建议父母在家庭内采用行为矫正技术，根据儿童的情况因材施教，还可以采用特殊教育。兴奋剂类药物哌甲酯的应用越来越多，还采用饮食疗法：去除那些人工合成的调味品、色素、防腐剂或糖类等。

随着临床研究的进一步深入，人们发现在这类儿童的临床表现中，多动和冲动症状密不可分，这提示抑制能力不足可能是多动症的根本问题。在 1987 年改称为目前的名称"注意缺陷多动障碍"。在治疗方面，开始用认知行为治疗帮助儿童提高自我控制能力。之后又发现有的患儿以注意力缺陷为主要表现，有的患儿以多动冲动为主要表现，有的既有注意力缺陷又有多动冲动，2004年出版的美国《精神诊断和统计手册》（第4版）将名称改为"注意缺陷／多动障碍"，分为注意缺陷型、多动冲动型和混合型，使单纯注意力缺陷和单纯多动冲动的患儿也能够得到诊断和治疗。2013年出版的美国《精神诊断和统计手册》（第5版）仍使用"注意缺陷／多动障碍"这一名称。对多动症的治疗更提倡多模式治疗，强调药物、心理治疗、教育训练协同，对患儿、家长、学校进行全方位的综合干预。

我国从20世纪70年代末开始认识到多动症，开展了流行病学、临床、诊断、治疗等各方面的研究，目前，正在形成一个儿童精神科、儿童神经科、儿科、儿童保健及心理工作者、教育工作者等协同作战的崭新格局。

第二节　多动症的主要临床表现

儿童多动症主要包括了以下3个方面的问题：注意力不集中、多动、冲动。多动症是一种神经发育障碍，父母可能深有体会，抚养一个这样的孩子，会给生活带来许多烦恼；更重要的是，会给孩子的成长道路带来阻碍，影响成材。

我们先来看几个例子，这些孩子的情况可能与你的孩子十分相似，他们都是我们临床看过的真实病例，通过这些孩子，让我们初步了解儿童多动症。

总说"不"的璐璐

璐璐是一个很可爱的七岁男孩，胖嘟嘟的脸上长着两只圆圆的大眼睛。妈妈说平时别人对他说话他总是心不在焉，小时候还为此带他去检查过听力。他对大人的话很少放在心上，妈妈要他穿衣服或者收拾好玩具，必须不断地重复要求，有时候不得不亲自来帮他。在吃饭时或者看电视的时候他很难安静地坐下来，即使睡觉时也是翻来滚去的。他经常到处跑来跑去、爬上爬下、大喊大叫，好像要把房顶掀起来一样。

璐璐的话特别多，平时叽叽喳喳，说个不停，他很喜欢插嘴，很难听别人把话讲完，以致小朋友给他起了一个绰号"辣利婆"（多嘴多舌的意思）。

父母还注意到他做事之前常常不假思索。例如其他孩子正在玩游戏，他冲上去就要参加，而不管别人是否欢迎他。他指手画脚，擅自改变游戏规则，而当别人不服从他时就变得心烦意乱、怒气冲冲。做游戏时他会很活跃，总要插队争先，还说"你不行，看我的"。当游戏结束时，他不能很快安静下来。在人多的活动场所，他的情绪特别兴奋，有一次去参加小朋友的生日聚会，他兴奋、轻率、吵闹、指手画脚，显得比过生日的小朋友还要开心，以致被人误认为是他在过生日。

他对大多数的事情都漫不经心，除非看动画片才可以专注一阵。他很难集中精力听课，常常找其他同学说话，玩东西、胡乱涂鸦，甚至离开座位去摆弄教室后面的垃圾桶。做作业对他是个沉重的负担，他总是拖拖拉拉，明明只有半小时的作业，他可以做2~3个小时，他告诉医生"我讨厌作业"。其实他完全有能力完成作业，却总是依赖父母，或抄同学的。有时他没做完的课堂作业，老师把他叫到办公室又能很快完成。考试时容易的题目常常做错，难题反而做对了。

璐璐很容易生气、充满怨恨而且好斗，当父母阻止他做什么事时，他总是对着来："不，我不管，我就要这样！"当妈妈要求他把脏衣服脱下来或者让他准备洗澡时，他总是噘着嘴，双手交叉抱在胸前说"不，我偏不去！"对老师的要求他也很反感，一次因为他上课说话，老师罚他站几分钟，当老师请他坐下时，他拒绝坐下，就这样一直站到下课。他的理由是：老师不公平，为什么不罚和我说话的那个同学？

璐璐很容易嫉妒其他的孩子，经常把自己没有的、别人的玩具拿回家。只要想要什么东西，他就不停地重复他的要求，如果父母不同意，他就发脾气、打滚，不达目的不罢休。每当和别人产生冲突，他总能找到别人不对的理由，认为别人先欺负他，批评他是不公平的。他已经失去了很多朋友，现在很少有人会邀请他去家里做客，父母担心他会失去所有的友谊。

璐璐是个早产儿，出生体重只有4斤8两，他体重增加较慢，学走路稍微延迟，开口说话的时间和一般的孩子差不多，没有得过严重疾病。4岁上幼儿园时老师就发现他"不听指挥"，总是从其他的孩子那里抢玩具、乱扔东西，听故事的时候坐不住。可见，他现在所表现出来的情况在幼儿园时就已经被注意到了。

当他们来就诊时，妈妈已经是绞尽脑汁了，驱铅、补锌……好像都没起到什么作用，亲子乐园也只产生了一点点效果。妈妈觉得作为一位母亲很失败，并且抱怨爸爸经常不在家，她感到无能为力，已经精疲力竭。爸爸说为璐璐的不良行为已经打过他多次，可是他伤还没好就忘了疼，屡教不改；并且爸爸认为璐璐的行为问题是由于妈妈迁就、退让、溺爱的结果。父母两人都感到由于孩子的问题已经影响到他们的夫妻关系，生孩子之前对于婚姻的憧憬只不过是个幻想。

璐璐的案例基本上概括了多动症的典型症状：注意力不集中，不能够坚持完成一项任务，冲动而不能三思而后行，多动、坐立不安。像大多数的多动症儿童一样，璐璐的问题是出现在学龄前期，几年以后当他的行为问题影响到家庭以外的时候，才想到去寻求专业帮助（这个案例当中是影响了学校活动）。璐璐在多动症儿童当中相当具有代表性，因为他还表现出一些继发症状：对立、违抗以及对其他人尤其是父母的敌意行为。璐璐的诊断是：多动症合并对立违抗障碍，大概35%～65%来就诊的多动症患儿同时患有这种障碍。

自尊心受到伤害的瑞奇

瑞奇是一个11岁的五年级男孩，他是一个吵闹的、坐不住的孩子，下课时他总是在操场上跑来跑去，被老师形容为"晴天一身汗，雨天一身泥"，他经常无故去推搡别人，在课间休息时威胁同学，蓄意破坏其他人的东西、扰乱别人的游戏、和同学打架……几乎每天老师都会向他的父母反映他寻衅滋事的行为，同学们都不愿意和他交往。他完不成课堂练习、不做或少做家庭作业，经常被留校。他说："反正我是坏孩子，我就是不做作业，老师也拿我没办法"。他的学习成绩很差，已经在一年级复读了一年，现在语文和算术勉强及格，在班上倒数第 3 名。

上五年级以来他的自尊心急剧下降，父母感到送他上学很难，他总是诉说头痛、肚子痛，很明显他是想待在家里。当面对一些最简单的题目却做不出来时，他委屈得眼泪汪汪。他经常敲打自己的头，说自己是"傻瓜、笨蛋"，恨自己，还几次说要自杀，"如果我死了，你们就没有这么多麻烦了"。父母知道他的内心受到了伤害，但是又不能更多地信任他。父母跟老师的关系也弄得很紧张，老师认为是父母的纵容使瑞奇不爱学习、不求上进；妈妈则认为老师惩罚、指责过多，而鼓励和培养过少，老师苛刻的管束方法、缺乏原谅的态度是造成瑞奇自卑的主要原因。

在家族史方面，瑞奇的妈妈曾经患过抑郁症。

就诊时，他垂头丧气，声称自己各方面都不如别人，"没有一个人爱我，"他哭着说，"我跌倒了他们都不扶我。"

与璐璐不同，瑞奇没有对立违抗障碍。然而，瑞奇遇到了正常年龄阶段所面临的自我意识问题。自我意识反映了儿童对自己在社会中所处地位的看法，是在生活中重要人物（父母、老师、朋友）的外在影响下而逐渐形成的。多动症儿童由于行为不恰当以及学习成绩不佳、伙伴关系不良、亲子关系紊乱，经常受到父母、老师、同学的批评与指责，这些负性评价与态度无疑对他们的自我意识产生不利的影响，造成他们自尊心降低，自暴自弃，不再进取。就像其他多动症儿童一样，瑞奇的自尊心随着他的学习成绩下降以及与同学的关系日益恶化而开始下降，并且出现了抑郁的表现。瑞奇的诊断是：多动症合并抑郁症。对于多动症儿童来讲，由于以上的原因导致抑郁并不少见，他声称要自杀是比较极端的，要严加防范。

顽皮—对抗—叛逆的小驰

小驰首次来诊时仅8岁，因为上课不听讲、不做作业而由妈妈带来。妈妈介绍说，小驰从小聪明活泼，2岁时就会背唐诗，几乎没经过走的阶段就直接会跑，跌得鼻青脸肿的也不哭；3岁上幼儿园，老师根本管不住他，上课时经常跑出教室，有次上课时他去鱼池捞鱼，掉到鱼池里险些出事。上学后不能专心听讲，老师反映他连5分钟也坐不住，一时拿别人的文具，一时扯女同学的辫子，有时故意恶作剧发出怪声音，惹得全班同学哄堂大笑；下课后在走廊和同学打闹，常因此发生冲突，以致身上伤痕累累；放学后不知道老师教了什么、留了哪些作业，需要妈妈去问别的同学；学习成绩时好时差，进入3年级后，特别烦躁易怒，回家后不肯做家庭作业，嫌麻烦，父母教育他就顶嘴，老师批评他也无所谓。

小驰身体健康，很少生病。母亲怀孕、分娩均正常，1岁会走路、说话。

他的父亲是个生意人，脾气非常暴躁，经常殴打妻子和孩子，据说他父亲幼时十分顽皮，3岁时曾把煤灰偷偷放到邻居的锅里，上树曾经跌断腿骨。

小驰在诊室里，一下跳到磅秤上，一下爬到医师的椅子上，妈妈回答什么他都要插嘴，请妈妈填量表，他非要抢过来填。问他为什么不做作业，他说："我讨厌老师，他总是向爸爸告状，爸爸就打我。"

4年后小驰因打伤老师而第二次来诊。

妈妈说，上次看病后，医师开了药物哌甲酯，但是小驰的爸爸坚决不让吃，说孩子不听话只有打，吃药会把人吃蠢。以后他的成绩每况愈下，经常是班上倒数2～3名。现在上初一，他的行为更加变本加厉，老师批评他，他认为老师对他不公平，对老师十分反感，上课时老师在台上讲课，他在台下评头品足，乱发议论，说老师普通话不标准，说老师穿凉鞋不穿袜子，是不尊重学生……一次他上课对老师吐口水，老师拉他去办公室，他竟然抄起簸箕将老师砍伤。学校打算开除他，他愤愤不平说一定要报复老师。我们给小驰开了药，进行了心理治疗，经与学校沟通，学校同意他继续上学。

1 年后小驰因拦路抢劫被抓，妈妈来诊。

妈妈说，近半年小驰迷上了网络游戏，经常旷课去网吧，有时通宵不归，不愿意上学，妈妈只好用每天给 2 元钱来哄他上学，不料这事被爸爸发现了，爸爸把妈妈痛打一顿，当天小驰愤而离家出走，在网吧里待了 3 天，因为没有钱吃饭，去拦路抢劫，用砖头把过路人砸伤而被派出所抓获。

小驰的经历是典型的从多动症到对立违抗障碍，再发展到品行障碍的历程。其品行障碍的产生，除了与多动症的严重程度有关以外，更重要的是环境因素的影响，小驰爸爸粗暴打骂的教养方式，妈妈无原则的偏袒、退让，家庭关系不和睦，是小驰发展为品行障碍的促进因素。

以上这几个孩子都有多动症，但他们是各不相同的，在年龄、家庭方面不同，有不同的症状表现，共患不同的疾病，结局也有所不同。

我们来看看多动症的三个主要症状。

一、注意缺陷，坚持性差

经常听到父母和老师这样描述多动症儿童："我的孩子总是心不在焉，根本就不能专心听讲""他很难集中精力，很容易走神""他不能独自完成作业，一定要有人守着才行""他总是这件事还没做完就去搞另外一件了""我的女儿经常丢三落四""她好像总是在想入非非，不知道她在想什么"……

以上所有的表现都是注意力方面的问题，从心理学层面来看，存在以下缺陷：

1. 注意的稳定性差　注意的稳定性是指能较长时间保持集中注意在某种事务上的时间。儿童注意力是随年龄增长而发展的，1岁半儿童对有兴趣的事务能集中注意 5～8 分钟，两岁能集中 10～12 分钟，7～10 岁儿童一般可以集中注意 20 分钟左右，10～12 岁儿童可以集中 25 分钟；青少年注意的稳定性一般可保持 40 分钟左右，到青年初期，注意稳定性的发展已接近成人。

多动症儿童注意稳定性差，研究多动症儿童注意问题的论文有几百篇，绝大多数研究都表明，在完成任务时，多动症儿童注意力集中在任务上的时间明显比同年龄正常儿童短。让我们来看一个科学实验：

研究者观察了 18 个患多动症和 18 个没有多动症（对照组）的儿童。让儿童进入一间游戏室，室内有各种玩具，让他们独自在游戏室里玩 6 分钟。研究者通过一面单向玻璃镜观察并记录儿童所玩的玩具个数和花在每一个玩具上的时间。结果发现，多动症儿童所玩的玩具数量是对照组的三倍，而花在每一个玩具上的时间则是对照组的一半。

很多父母反映"我的孩子看动画片或玩网络游戏时眼睛眨都不眨，可以聚精会神一两个小时，他应该没有注意力问题，只是不爱学习"。果真如此吗？研究发现多动症儿童在玩快速的、高吸引力的、能够获得立即奖赏的游戏时能够保持注意力较长的时间，那是由于游戏、动画对注意力的要求很短，镜头经常 2～3 分钟就会变换，画面非常有刺激性。研究者比较多动症和对照组儿童在玩游戏时的表现，发现多动组比对照组儿童动作多、不安静、粗心大意，出差错多，因为他们不能像正常儿童那样敏捷地控制目标的移动，经常鲁莽地让目标撞上障碍物而丢分。所以尽管多动症儿童在玩游戏时比做作业时精力会集中一些，活动会少一些，但是他们此时的行为表现仍然是不正常的，和正常儿童仍然有明显不同。

2. 对无关事务缺乏抗干扰能力　当我们在专心做一件事的时候，有时也会被其他事务所吸引，转过脸去看看发生了什么，但是正常人很快会意识到自己走神了，而将注意力转回来继续做原来的事，这叫做抗干扰能力。而多动症儿童在注意力中断后往往难以继续注意以前的目标，因为他们不能够抗拒其他事务的干扰。有的孩子不能排除不重要的声音，例如在做作业时，邻居小孩的哭声、父母说话声、电话铃声都会影响他做作业；上课时，注意力会被马路上的汽车声、有人上楼梯的声音所吸引。有的孩子不能排除不重要的视觉信号，例如，早上起床，妈妈要孩子自己穿衣服，他在穿衣服时，看见了衣服上的足球图案，于是想到昨天踢球时足球沾上了泥巴，就找块抹布去擦足球，足球上的泥硬了，擦不下来，就去水龙头上洗抹布，发现水可以顺着抹布往下流，又去琢磨怎样让水流得细而连贯……等妈妈回来时，衣服还只穿了一半。这说明保持注意力也就是保持对一些无关刺激的抑制能力。

华盛顿大学的研究者做了这样一个实验：当电话铃响伴有灯光闪烁时，多动症和正常儿童都可能在做作业时抬起头来张望，但这两组儿童被这一事件所吸引的时间长短有显著不同：多动症儿童是 18 秒，而在正常儿童是 5 秒。这表明，正常儿童在分散注意力后，比多动症儿童更容易恢复到原来正在做的事情上。

保持注意力还需要阻止不重要的思维的闯入，有的孩子诉说在干一件事时，总是出现与任务无关的想法，有时同时来了 2～3 个想法，或者从一个主题跳到另一个主题，这时候，他往往不关心周围发生了什么，这就给人一种很迷茫的样子。有时老师提问，他根本不知道老师讲了什么。父母反映，这些孩子沉浸在自己的世界中，叫他好像没听见一样，有人把这种状态叫做"白日梦"，其实质，是多动症儿童很难抑制与任务无关的想法，这也是他们做作业速度慢、经常出错的原因之一。

3. 不喜欢从事那些需要精力持久的事情　随着年龄增长，社会要求人们能够去做一些无趣的、需要付出很大努力的事情，例如：听一场冗长的报告，阅读难懂的说明书，花大精力去完成一项繁琐的工程设计，这的确令人厌烦，但是我们明白这是必须做的，就会耐下心来坚持做完。多动症儿童很难长时间坚持做一件事情，让他们去从事那些需要长时间保持注意力的事情，他的感受就像我们听冗长的报告一样困难。

在学生阶段，最需要长时间保持注意力的事情就是做作业了，有位妈妈这样形容孩子："他苦着脸，在桌上写两道题、趴在地上写两道题、爬上床靠在被子上写两道题，头顶着墙写两道题……，别人一小时完成的作业他要磨蹭 2～3 小时"。多动症儿童会花最小的努力和最少的时间来完成枯燥、无趣的作业，草草做完后不愿意再去检查、发现错误并更正。因为没有耐心，他们常常"偷工减料"，少做或不做作业。从这个意义上说，父母、老师给多动症孩子增加额外的作业是不明智的。

不仅是做作业，在玩的时候他们也不能专心。人们常常看到多动症孩子把玩具摊得满地都是，实际上是他玩积木还没玩完，又想玩拼图，所以就把积木胡乱扔在那里，不一会儿，又厌烦了拼图，转而开始踢球……，结果，没有一个游戏是有始有终的。

4. 容易分心　父母和老师经常说多动症儿童容易分心，就像小猫钓鱼故事中那个不专心的小猫，明明它是去钓鱼，结果却跑去捉蝴蝶，忘记了自己的初衷。为什么多动症儿童容易分心呢？

研究发现他们具有寻求新奇的特点，多动症孩子在婴儿期就喜欢探究新奇的、没有尝试过的东西，不管有没有危险都要去拿，不管能不能吃都往嘴里放。这些儿童很容易对正在从事的事情感到厌倦或者失去兴趣，这就导致他们去寻找更有趣、更刺激的事情。以往认为多动症儿童容易被其他东西分散注意力，但可使用传统的方法把引起分心的东西拿走，实际上并不奏效；而增加刺激性、新奇性，例如增加作业材料的颜色、声音，却可以使多动症儿童做作业时集中注意力、减少错误。因此，在帮助多动症儿童提高注意力时，应该在其活动、任务中增加新奇性、趣味性。

二、活动过度，反应性增高

"他一分钟也安静不下来""他经常爬上爬下，动个不停，像上了发条似的""他手脚不停，见什么都要摸一下，踢一脚""玩的时候都不能安静""说话太多，经常吵闹"。

这种过度活动是多动症的第二个特点，表现为在需要安静的场合不安静、烦躁、过分的活动，以及话多。下面的研究结果证明多动症儿童比正常儿童活动更多：

1. **运动量大** 研究者使用仪器测量儿童运动量的多少。

1983 年，研究者设计了一个特制的类似手表的装置 - 体动记录仪，用来记录儿童的行为或动作。实验时，孩子们戴上这个手表，经过一周时间，发现多动症男孩明显比对照组男孩活动量大，两组间的差别在学校表现方面最为突出。

在一项研究中，让多动症儿童和对照组儿童进入一个房间自由活动，通过单向玻璃镜观察他们的活动情况。发现多动症儿童在房间走来走去的时间比对照组儿童多 8 倍，运动手臂的次数多 2 倍，动腿的次数多 4 倍，在看电视片时不安静的时间多 4 倍。当进行心理测验时身体扭动、做小动作的次数也比正常儿童多 4 倍。

多动症儿童不能按照要求控制多动行为，对他们的成长有诸多不利。幼儿时期，过分好动，不好管理，会弄得父母急躁、不耐烦，父母常常使用惩罚的办法想管住他，在早期就影响了亲子关系；上幼儿园后，由于总是跑来跑去，坐不下来，无法学习知识；上学后，上课不安静，做小动作，玩文具书本，干扰邻座同学，弄出噪声，下课后在教室内外与同学追追打打、高声叫喊，影响学校秩序；而且会造成和同学的冲突。晚上让这些孩子上床睡觉也有很多困难，他们磨磨蹭蹭，不肯按时就寝，在睡眠中也不安稳，表现为频繁翻身，从床的这一头滚到那一头，早上起床时却起不来，感到疲乏。

2. **话多** 多动症儿童不仅身体运动多，话也特别多，他们控制不住自己的嘴巴，课堂上和旁边的同学说话，在老师讲课时插嘴；下课了喜欢大声喧哗。而且好争吵，很难静下来倾听别人的谈话。

研究者把两组儿童和母亲间的对话用录音机录下来进行比较，发现多动症儿童说话量比对照组多 20%。而且多动症的母亲说话也比正常儿童的母亲多，多动症的母亲多说的话是对孩子过多说话的回答和对他的管教。

3. **反应性增高** 对多动症儿童的观察发现，多动症儿童对发生在周围的任何事都做出反应，例如，看见一个小虫就要去踩，同学碰了他一下就要反击，这些行为出现得很快、很激烈、不假思索，有人用"高反应性"来概括这种行为，就像拍皮球，多动症儿童拍球出手快、用力大，以致球弹起过高，失误更多。从某种意义来说，多动症过高的活动水平是他们过高反应水平的结果。

三、情绪急躁、莽撞冲动

冲动性主要表现在情绪和行为方面。

1. 情绪急躁、感情用事　多动症儿童情绪急躁，容易激惹，不能理性地处理生活学习中遇到的挫折，做事常受冲动情绪的驱动。

开学第一天，小威向老师保证，一定要遵守纪律，争当三好学生。课间休息，他想去帮老师擦黑板，大全的腿伸在走道上，绊了他一下，他立即回头踹了大全一脚，两人争吵起来，他把大全的书包扔下楼、把他的书桌掀倒，老师来劝他，抓住他的胳膊，他说老师掐了他，愤怒万分，冲向栏杆要跳楼……

当遇到一个特殊事件，大多数人能通过自己的思维、用一定的时间把获得的信息分成两部分：本人对事件的看法和事件的本质，即客观事实，然后排除感情因素，不掺杂个人偏见，客观地处理这个问题。现实社会中，每个人都曾面临这种情形，大多数情况下有能力做到抑制和延迟对冲动的反应。正常儿童进行自我控制是通过将情感内化而实现的。在幼儿期，感情完全外露，不高兴就哭，以后逐渐学会将感情内化，抑制感情的公开表露，到学龄期，相当一部分孩子已经可以做到在学校不哭。这时情感反应是存在的，只是抑制了公开表露。正常人在表露感情之前，会根据情境去选择表达方式，这是因为人们具备了体察自己的情感、节制情感和改变情感的能力。多动症儿童难以适应社会所要求的冷静、客观地处理事情，是由于他们常常被刺激的即刻反应所左右，没有时间将情感与客观事实分离开来，导致行为的失控。

2. 做事冲动，不顾后果　多动症儿童经常和同伴发生冲突、违反纪律和规则，容易发生意外，这些都与冲动有关。

小卫，11岁，他常常因为一点小事被同学激怒，不假思索地追打他人，致使同学受伤。为此，学校已经给了他警告处分，并告之再出现类似事件就会开除他。他也知道自己打人不对，多次保证再也不打人了，可是却屡教不改。他告诉我们，当被同学撞了一下或踩了一脚，只感到愤怒，一股热气往头上冲，根本来不及想老师的教导和打人的危害性。

当遇到一件事，每个人都会产生一个原始反应，这个最初的反应是受原始情绪支配，往往是不理智的。正常人在这种情况下会审时度势，抑制自己的原始冲动，选择理智的对策。多动症儿童的显著特征在于不能抑制对事件的原始反应，当遇到不顺心的事，他们往往做出冲动反应，例如大发雷霆，出口伤人；甚至大打出手、违纪违规。多动症儿童的攻击行为，是因为他反应太快，来不及回顾自己过去的教训，预测未来的后果，用以控制现在的行为。

下课了，姗姗箭一般冲出教室，跑向单杠，奋力地爬上去，一个回环动作还没做完，就倒栽葱摔到地上。她的理想是要当奥运冠军。老师说，姗姗从单杠掉下来已经不下 10 次，有一次还发生了"脑震荡"，可是老师一没注意，她又攀爬上去了。

多动症的冲动性常表现为行为莽撞，带有冒险性。他们不会预先考虑某个行为可能带来的危险，所以他们比其他儿童更容易出事故、闯祸。研究发现：多动症儿童发生严重意外事故是正常儿童的 3 倍。在需要外科缝合、住院的儿童中，患有多动症的儿童是正常儿童的 2 倍。国外对交通事故的调查显示，有多动症的青少年发生交通事故是正常青少年的 4 倍，在两年的驾驶经历中因为超速、违规停车收到的罚单也是正常青少年的 4 倍。

小强 4 岁，上幼儿园后经常和小朋友抢玩具，只要是新奇的、自己没有的东西，他就要先玩，如果别人不给，他就抓人、打人。他常常随便把小朋友的玩具据为己有，还理直气壮地说"我喜欢"。

有人认为这些孩子天生"自私"，"道德品质有问题"。这种看法对多动症孩子是不公平的。研究发现，多动症孩子之所以打架、冒险、抢别人东西，是因为他们不能抵制诱惑、控制欲望。人生路上充满了诱惑，它会使人失去理智，做出一些冲动的行为，甚至造成不可挽回的后果。欲望是原始的，自制力是在社会化的过程中逐渐形成的，是抵御引诱的有力武器。当欲望和自控之间发生冲突时，多动症孩子往往选择前者。多动症孩子从幼儿期随便把小朋友的玩具据为己有，到在教室里翻同学的文具盒拿走自己喜欢的橡皮，最后发展为私自拿亲戚的钱、拿同学的钱、拿超市的物品，都是由于强烈的、无法控制的欲望。多动症青少年吸烟、喝酒、吸毒，随便和异性发生性关系，同样是由于在诱惑之下缺乏控制能力。

老师觉得上课林林插嘴很扰乱课堂纪律，例如：老师问"10 减 7……"题目还没说完，林林就抢着回答"等于 3"，实际上老师要继续说"再加 6 等于几"，林林抢答的结果为"错"；体操比赛他擅自离开队伍，害得全班被扣分；春游时，他不顾禁令跑到河边去捞鱼……；他经常做出这样、那样违反纪律的事，老师说他脑子里好像从来没有纪律的概念。

人们在考虑做一件事时，有一种"内部语言"在指挥着自己，对照社会规则，确定这件事该不该做，怎么做。儿童在社会化的过程中，逐渐把父母、老师教导的纪律、规则"内化"，成为自己的行为准则，用"内部语言"指导行动。多动症儿童在遵从规则和指令方面的困难与"内部语言"发育不完善有关，他们没有把社会规则"内化"，变成自己的行动准则，一切都凭一时兴起的念头行事、所以总是违纪违规。

3. 立即满足、不能等待 这些孩子非常急躁，有要求立即就要得到满足。

东东的妈妈经常抱怨他"想要什么立即就要得到"，如果妈妈答应星期天带他去动物园，他在等待的过程中会极度纠缠父母，提各种要求，弄得父母烦恼不堪。他特别缺乏耐心，在游乐场玩"飞象"需要排队等待，他急得跳来跳去、又吵又闹。

研究者让多动症孩子和对照组孩子做一些数学题，告诉他们如果完成题目，将立刻得到一个小玩具，结果两组都完成了相同数目的题目。然后让这些孩子在两个任务中做出选择：可以做 10 道题目得到一个小玩具，或者做 20 道题目得到一个大玩具，但要两天后才能拿到这个大玩具。在这种情况下，大部分多动症儿童选择了前者，而正常儿童则更倾向于选择后者。

这两个例子说明多动症儿童"延迟满足"缺陷。刚出世的孩子是随心所欲的，随着年龄的增长，逐渐变得能够抵制眼前的、有吸引力的事务而去追求更长远的结果。例如妈妈说"听话，别吵，去那边玩积木，等会儿妈妈给你买糖吃"，正常孩子就会自己去玩，不干扰妈妈做事，他们会在内心告诉自己听妈妈的话的重要性，等待妈妈的奖励。对于一个成熟的孩子，延迟的奖赏会更有吸引力，他们愿意为此付出更多的努力，而不选择立刻得到一些小的奖励。但多动症儿童需要立即的满足，不能等待，这种缺陷使他们"短视"，只顾眼前，不能展望未来。

特别提示

　　儿童多动症的三大主征：注意力不集中、多动、冲动影响到孩子的行为、情绪和认知，其核心问题是自我控制能力差，心理学上叫做抑制能力缺陷。由于缺乏自控，导致学习问题、遵守纪律问题、人际关系问题，使他们在很小的时候，就表现出与其他孩子的不同。

第三节　不同年龄阶段的临床表现

　　儿童是一个不断发育的个体，其行为在不同年龄阶段表现出不同的特点。多动症儿童的临床表现也随着孩子的长大而变化。事实上，这种神经发育障碍是从孩子出生时就存在的，仅仅由于社会对儿童自我控制能力的要求不同，医学家观察的角度不同，才给出了不同的描述。

一、婴儿期和学步期的特征——顽皮急躁，难于管理

　　儿童从一出生，就表现出各不相同的特征，有的安静、有的吵闹，有的按时吃、按时睡，有的随心所欲。心理学家把这种在早期就表现出的个体独

有的行为和情绪特征叫做"气质"。

多动症孩子在早期主要表现为难于抚养型气质。许多父母回忆孩子在怀孕期就胎动特别多；在婴儿期比其他孩子更活泼，手脚动个不停，易兴奋，好哭闹，很难安静；会爬的时候从摇篮、小推车里面或游戏围栏向外爬，经常跌伤；饮食、大小便、睡眠无规律；环境改变后不能适应或适应较慢；情绪急躁，常大声哭叫，不易安抚；还有的喂养困难，常常肚子痛、偏食等。

使用气质量表评定，发现这些孩子活动过度、情绪反应强烈、注意力不集中、不愉悦的心境得分高；而适应性低，饮食、睡眠、大小便等缺乏规律。追踪研究发现难于抚养型气质的儿童常在 2～3 岁表现出多动症状。

当他们开始学步时，往往以跑代走，乱抓东西，大人稍不注意就会摔跤。到了幼儿时期，过度活动已经比较明显，手脚停不下来，大人抱也抱不住，难以进行亲子互动游戏。好喧闹和捣乱，满屋子乱跑，对周围的东西非要用手触弄不可。时常翻箱倒柜，把家里弄得乱七八糟。他们注意力集中的时间短暂，很容易受环境的影响而分心。对来自各方面的刺激几乎都起反应，不能专注于游戏、听儿歌、听故事或玩玩具，一种玩具玩不了多大一会儿就又扔下玩别的。看图书看不了几页，就换另一本，或将书撕成碎片。脾气急躁，有要求立即就要满足，不能等待，不然就哭闹不止；对人不友好，喜欢用打人、抓人来表达自己的不愉快。家长常反映孩子特别不好带，特别累人，也容易引起大人的厌烦。

一项研究对 2～3 岁过度活跃、注意力不集中和好斗的孩子进行追踪，到 6 岁时大约 50% 仍有多动行为或者被正式诊断为多动症，这说明儿童难养型气质是一个重要的早期危险因素。不良的家庭环境和父母对孩子的行为的反应方式导致多动、不服从等症状发展。

使用幼儿情绪及社会性评估量表评定，这些孩子在活动度 / 冲动性、攻击性 / 反抗性、同伴攻击、睡眠、负性情绪、饮食、注意力、亲社会的同伴关系等维度异常。使用婴幼儿社会生活能力量表评定，发现运动、交往、集体活动、自我管理等方面异常。婴儿期或学前期健康状态欠佳、身体运动协调能力发育缓慢、语言发育延迟也是儿童期发生多动症的危险因素。

二、学前期的特征——多动不宁、攻击破坏

这一阶段的多动症孩子，以"多动"为主要表现。躯体活动明显比同龄

儿童多，好动，坐不住，精力旺盛，好像身上安装有"马达"驱使他不停活动。他们不能安静玩耍，从一个房间跑到另一个房间，从一张椅子跳到另外一张椅子上，站到沙发靠背上，爬到桌子上，家里的弹簧床成了他们的"蹦蹦床"，家具经常被他们弄坏。有时翻箱倒柜，不能动的东西他要去动，如拨弄电插座，扳倒开水瓶，导致经常受伤；他们喜欢户外活动而不喜欢待在家中，往往到处奔跑，跳跃。过马路时不顾危险，总是让大人为他绷着一根弦，担心他们的安危。和小朋友一起做游戏时，不能按规则等待，克制能力差，随心所欲，不与他人合作，喜欢捣乱、破坏，因而不受欢迎。生活中惹是生非、好强霸道、好欺负人，不讲礼貌，言语粗鲁，行为鲁莽、急躁，侵犯攻击性强，小朋友都不愿和他们玩。

这一时期，注意力问题也开始显露出来，他们不能静坐，容易分心，不注意细节，粗心大意，不能专心致志地做完一件事，看动画片或听故事也不能专心，和他们说话时显得心不在焉，告诉他们的事马上就会忘掉，需要不停地提醒他们日常生活中的事情。由于这个年龄段学习任务不重，所以注意力问题尚未引起父母的关注。

他们任性、坚持自己的要求，喜怒无常，受不得一点委屈，易怒，好发脾气，容易沮丧；有什么要求必须立即得到满足，否则吵闹不休或破坏东西，甚至打人、咬人、抓人，不服从大人的管教。至少30%的孩子表现出挑衅或者对抗，特别是男孩。

多动症儿童上幼儿园或学前班后，老师常抱怨孩子不遵守规则、不能与小伙伴有效地进行集体游戏、好冒险、好攻击小伙伴、经常惹祸、破坏公共财物。由于多动，他们不能像正常儿童一样学习知识，难于接受幼儿园教育。

研究发现儿童4岁时有57%被父母认为有多动、不安静，有40%被父母/老师发现注意力不集中，但这类孩子中绝大多数在3~6个月后好转。即使评估时符合多动症的诊断标准，到学龄期仅一半仍符合诊断标准。这告诉我们，3~4岁孩子的注意力不集中和活动过度可能是正常现象。但是，如果注意力不集中和活动过度持续一年以上，大多数可能会持续到童年期和青少年期。

2013年，美国国家健康统计中心估计，近2%的3~4岁儿童被诊断为多动症，这一比例比1997年的0.5%增长了近4倍之多。

玛洪的新近研究提出以下迹象可帮助临床医生及家长识别幼儿多动症：

1. 不喜欢或回避那些需要持续保持注意力超过 1 ~ 2 分钟的活动；

2. 开始一项活动片刻后就失去兴趣，并开始做其他的事情；

3. 与其他同龄儿童相比，说话太多，制造很多的噪声；

4. 爬上不应该爬的地方；

5. 4 岁时仍不能单脚站立；

6. 几乎总是坐立不安——不断踢腿或抖腿，或在座位上来回扭动身体；坐几分钟后"必须"站起来；

7. 因为什么都不怕而导致危险情况；

8. 与陌生人熟络太快；

9. 一贯对小伙伴具有攻击性；因为攻击行为被幼儿园或日间照料机构拒绝；

10. 在不应该快速移动的地方跑动或经常奔跑，由于这些行为而导致受伤。

若年幼儿童存在 2 个或更多的上述症状，应该到具有诊断及治疗学龄前儿童多动症专业经验的临床医师处就诊，精心全面的评估可以诊断学龄前儿童的多动症。

三、学龄期的特征——注意缺陷、多动冲动

一旦多动症儿童进入学校，学习成为他们的主要任务，多动症的表现就开始显现出来。

他们不能遵守学校的纪律，上课不安静，做小动作，玩文具书本，打扰邻座同学，弄出噪声。下课后在教室内外与同学追追打打，高声叫喊。做操、排队时，不服从指挥，总是擅自行动，影响学校的秩序。

由于他们没有坚持性，做作业成为一大难题，需要父母在旁边不停地督促。不仅自己对做作业烦恼不堪，而且家长也备受折磨。有的孩子甚至"偷工减料"或干脆不做。在日常生活中，也是拖拖拉拉，早上喊不起，晚上不愿睡，就连穿衣和洗脸刷牙也需要不停地督促。

他们在学习方面，由于不专心听讲，做作业马虎，不能汲取老师教的知识，导致学习成绩不佳。考试时，难的题目能做出来，容易的反而出错。学习问题在 1 ~ 2 年级还不明显，3 ~ 4 年级以后，由于学习难度的增加，和同学之间的差距就明显起来。

伙伴关系方面，由于缺乏合作精神，不懂得谦让和分享，争强、霸道，因而常被其他孩子疏远、排斥。

到一年级末，绝大多数多动症儿童能被老师发现有行为问题。父母不仅要处理孩子在家的行为问题，而且要为孩子的学习成绩和在校表现操心，需要花费比其他父母更多的精力，承受较多的压力。

刚上学的多动症孩子天真无邪，个个认为自己是好孩子。但随着他们学习成绩下降，行为问题导致适应困难，他们逐渐认可了自己不是好孩子。这种自我评价降低是很关键的，一旦认为自己不是好孩子了，也就丧失了进取心。到了童年晚期（9～12岁），30%～50%的孩子发展为对立违抗障碍和品行问题，例如与父母老师顶嘴、反抗权威，与其他孩子打架，撒谎，私自拿家长或别人的钱、物等。

四、青少年期的特征——学习困难、对立违抗

在20世纪70年代以前，人们从现象学观察，认为多动症在青春期会好转。但近40年来对多动症的长期追踪，发现结果不容乐观。研究发现70%～80%诊断为多动症的儿童，到了青春期这些症状仍继续存在，58%学业成绩不佳，25%～35%出现反社会行为或品行障碍，30%正在尝试或者已使用大麻或饮酒、吸烟。

进入青少年期，大运动量的多动症状明显减轻，但与同龄人相比仍然可以察觉到多动的特征，例如在需要静坐的场合，身体的某一部位处于一种无目的的动作中，在桌子上敲手指或拿着圆珠笔转圈圈，腿在桌子下面不时摆来摆去等。做作业时常喜欢站着，要不就来回走动。别人说话时喜欢插嘴，干扰他人交谈。情绪易于兴奋，不合时宜地大笑，开玩笑时不顾他人感受，对同伴的玩笑则反应过强。有时恶作剧、哗众取宠。这些行为常被认为是不成熟的表现。他们能觉察到自己注意力不集中，常感到内心不安宁，不能静下心来做好一件事，脑子里常常同时冒出许多不必要的想法，自己想赶也赶不走。

青少年期多动症最突出的表现是学习困难，这一问题随着年龄的增长愈加严重。由于中学学习内容比小学多，难度大，要求更强的组织能力、注意细节能力及耐力，进入初中后，他们往往出现多门功课不及格的情况，导致厌学甚至辍学。

由于青少年独立性增强，他们与父母的对抗更加明显，轻则不理睬父母，不按照要求办事，重则吵闹甚至大打出手。对立违抗障碍、品行障碍和网络成瘾在这个年龄阶段成为更严重的并发症。

五、成人期的特征——工作绩效差、人际关系不良

也许很多父母会认为既然是"儿童多动症"，可能孩子长大了多动症也就好了。但是越来越多的研究发现，50%～60%的多动症持续到成年期，被诊断为成人 ADHD。与儿童期相比，成人 ADHD 绝大多数以注意缺陷为主要症状，最常出现的症状包括注意持续时间短、经常因外界刺激而分心，组织和安排一件事有困难，他们逃避需要大量持续用脑的任务；不能注意细节，常犯粗心所致的错误；很难遵从指令，常完不成任务。他们的受教育程度低于正常人群，在高中阶段接受特殊辅导的次数多，而考上大学的比例相对少。工作后他们的职业功能明显受损，由于缺乏自我监督，工作的条理性差，责任心不强，工作绩效差，经常被辞退工作，社会地位低下。成人 ADHD 患者管理财务的能力差，不能有计划地购物；不能按时付账而导致负债累累。健康观念差，不注意锻炼身体和适当饮食；很难与他人建立或维持友谊或亲密的人际关系。一些患者存在明显的婚姻问题（如重婚、离婚率高等）。驾驶习惯差，常发生交通事故，违反交通规则、被吊销执照等。

据报道 87% 以上的成人 ADHD 终生至少共患一种其他的精神障碍，发生率是一般人群的 6 倍，包括焦虑障碍、抽动障碍、物质滥用、情感性障碍等。成人 ADHD 共患广泛性焦虑障碍的现患率是 25%～43%，终身患病率是 59%；酒精依赖或酒精滥用障碍的终身患病率是 21%～53%。由于这些共患病的影响，成人 ADHD 的诊断及鉴别诊断更加困难，而且治疗难度相应增加，疗效也变得更差。

特别提示

　　童年早期，由于环境对多动症孩子的要求不高，除了父母带养困难外，尚未能引起重视。上小学是个分水岭，因为学校纪律的要求，到一年级末，大多数多动症能够被老师识别出来。小学 3～6 年级，已经开始显现出由于多动症导致的各种困难。初中阶段是多动症青少年的困难时期，各种共患病的出现，以及孩子自尊心的下降，使治疗变得更加复杂。近年来成人 ADHD 进入人们的视野，他们面临着学业、职业、人际交往、婚姻家庭等诸方面的困难，需要引起重视。

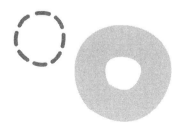

第二章

多动症与共患病

医学上，共患病指病人存在着一个以上的疾病诊断。多动症儿童大多数存在共患病，有共患病的儿童比单纯多动症儿童社会功能损害更严重，治疗上更困难。因此需要认识共患病并积极给予干预，以获得多动症治疗的最佳疗效。

第一节　学习困难和特定学习障碍

多动症儿童的学业一般都会受到影响，并且常常是多动症儿童就诊的主要原因。过去曾将学习困难列入儿童多动症的主要临床表现和诊断标准中，近些年来随着研究和认识的深入，学习困难仅被看做是多动症一种伴发的症状或疾病严重程度的标志。

据报道，多动症儿童几乎90%学习成绩不理想；标准化成就测验得分比同龄儿童低10~15个百分点；标准化智力测验智商比同龄儿童低7~15个百分点。多动症儿童学习成绩不佳，包括两种情况，共患学习困难或特定学习障碍。前者是继发于多动症的各种临床表现的结果，后者可能是同时存在两种疾病。分述如下。

一、学习困难

学习困难是指有适当学习机会的学龄期儿童，由于环境、心理等方面的原因，致使学习技能的获得或发展受阻，表现为学业成绩经常明显落后于同龄儿童达一年以上。这类儿童一般无智力缺陷。学习困难这个概念比较宽泛，包括了各种原因引起的学习成绩落后。

1. **学习困难的原因**　与多动症的核心症状有关，由于注意力不集中，上课不听讲，不能汲取老师传授的知识；回家后不愿意做作业，功课不能得到巩固；由于冲动，在做题时不能够仔细了解题意，看个一知半解就动手答题，解题过程马虎潦草，容易出现粗心所致的错误，有的孩子在做难题时能做对，做容易的题时，由于马虎反而出错，这些都是导致学习成绩差的原因。低年级阶段还可以通过家长的辅导来补救；随着学习难度的增加，特别是进入初中阶段，家长没有时间和精力来辅导，所以出现学习成绩大幅度下降。

2. 临床表现　主要表现为学习成绩差或成绩起伏波动。学习成绩差出现的时间不一，有的在入学后就被发现，多数在 3 年级以后出现，有的到初中才明显。由于注意障碍对学习认知过程是非选择性的，所以一般是学习成绩普遍落后，但根据儿童对不同科目的兴趣不同而有区别，不喜欢的科目下降明显，感兴趣的科目则保持较好。有些患儿成绩下降不明显，可能与他们的症状相对较轻或智力水平较高，家庭对儿童的管理比较成功有关。同时，由于自我控制能力差，其学习成绩与督促、管理有密切关系，呈现大幅度波动。家长与老师管得严格一些就上升，放松管理就滑坡。本章开头的案例中瑞奇和小驰都伴有学习困难。

二、特定学习障碍

特定学习障碍又称学习技能发育障碍，常在发育的早期阶段就显现出来，是由于大脑发育异常导致儿童不能学会正常的学习技能，包括阅读、计算、书面表达等技能。多动症合并阅读障碍者占 21%，合并计算障碍者占 28%。

1. 学习障碍的病因　该病与遗传有很大关系，患儿的一级亲属（父母、兄弟姐妹）的患病率达 45% 以上。脑影像学检查（CT、MRI）和解剖发现患者脑结构有轻度的异常或大脑组织学改变，如皮质异位、对称性改变、多发微小脑回、神经元移行和结构异常，双侧颞叶的对称性发生改变，以及枕 - 颞叶皮质神经联系通路的改变等。其最根本的缺陷，是大脑在几个感觉通道上快速转换信息过程的异常。

2. 临床表现

（1）阅读障碍：常见于男性，这类儿童开口说话比正常儿童稍晚，语言表达简单。到了应学会阅读的年龄不会阅读，朗读不流畅，常常出现省略、停顿、歪曲、添加或替代。不能默读，读完后不能理解、回忆所读内容。阅读速度慢、重读同一行或跳行等。汉语阅读障碍的儿童主要表现为汉字字形 - 字音、字形 - 字义识别的准确性和速度方面的障碍，或词句阅读理解困难，错别字多难以纠正，听写、默写困难，背诵困难。有的还伴有字写不好、写字吃力、容易疲劳、抄写错误等等。随着学习难度的增加，三、四年级后出现写作文困难。凡是需要阅读技能参与的功课均明显受累，算术应用题的理解、列式困难，所以数学成绩也下降。

（2）计算技能障碍：计算能力包含了数概念的使用，涉及数的量、数字符号中每个数的位置及其代表的意义、数量关系以及数字符号和语言之间的关系。计算技能障碍主要表现为数量、数位概念混乱，数字符号命名、理解与表达、计数、基本运算和数学推理障碍，数学成绩差，以致严重影响日常生活和学习。有的孩子还表现为学习认识钟表的时间、认识几何图形存在困难。

（3）书写表达障碍：一般会有以下几种困难合并出现，如写作时句子有文法或标点的错误、句子组织能力差、多处拼写错误、写作能力很差等。文字书写表达障碍通常伴随着阅读障碍或计算障碍。也有一些证据提示会伴随语言及知觉动作缺陷，如果写字困难是由于动作协调的问题，则可能与发育性运动协调障碍有关。

当一个孩子既有多动症又有学习障碍时，他的学习成绩在1~2年级就明显比其他同学落后，认知损害严重，需要及早给予特殊教育。

无论是学习困难还是学习障碍，当儿童青少年面临反复的学业失败后，都会对学习失去信心，不愿意进取，而出现厌学。所以，发现孩子的闪光点，赞扬他的努力，不去和其他孩子攀比，保护孩子的自信心是至关重要的。

3. 治疗和干预　由于儿童学习困难和学习障碍涉及脑的发育、各种情绪、行为问题、来自家庭和学校的心理压力、不良的家庭环境等诸多方面，一般需要采取综合性治疗干预。

（1）药物治疗：目前学习障碍无特效药物治疗，但如果患儿共患多动症，使用治疗 ADHD 的药物解决注意力问题，对于学习障碍有一定帮助。一项 16 周随机双盲安慰剂对照研究 +16 周开放研究，对象为多动症共患阅读障碍患者，结果发现 ADHD 症状和"阅读评分"在托莫西汀治疗后均显著改善。随后使用托莫西汀的开放研究，那些仅有阅读障碍患者的阅读评分也同样得到了改善。

（2）心理治疗和特殊教育

1）支持性心理治疗：要向父母介绍孩子问题的性质、解决的必要性和方法，给家长和孩子以知识、情感和心理上的支持，使治疗得以坚持进行。

2）家庭干预：矫正家庭成员的不正确认识和不良管教方式，改善家庭环境，增强孩子的学习兴趣和信心。

3）特殊教育和强化训练：针对学习技能上的问题和特殊困难进行强化训练，一般要在医学干预基础上才有明显效果。包括：①特殊教育计划；②特殊教育班级与个别指导计划；③制订长期目标与短期目标；④时间概念的教育训练；⑤效果评估与方案调整。

4）神经心理功能矫治：采用感知觉矫正、感觉转换训练、感觉统合及游戏治疗等方法，以改善引起学习障碍症状的基本认知功能缺陷。可以采用小组治疗，也可以个别治疗。训练原则：针对障碍类型、水平确定训练内容与级别，兼顾承受能力和时间资源，治疗训练的针对性越强，效果越好。

第二节　发育性协调障碍

很早人们就注意到多动症儿童常伴有感觉运动协调的问题，多动症共患发育性协调障碍达 47%。

一、病因

发育性协调障碍是神经发育障碍的一种，可能与大脑运动中枢或平衡功能发育不完善、儿童不能获得协调运动技巧有关；他们不能够利用环境的反馈信息，因而不能做出运动前的姿势准备，在运动中不能根据环境随时调整自己，从而不能完成顺畅、协调的运动行为。

二、临床表现

这些孩子在发育过程中达到运动发育里程碑（抬头、坐、爬、立、走）的时间延迟，15～16 个月才能独自行走，行动笨拙。运动功能缺陷可累及大运动，如跑步不协调，容易跌跤，平衡能力差，玩耍时常常撞到东西上；也累及需要手眼协调能力的精细运动，如穿衣、穿鞋、扣纽扣、系鞋带、拿筷子吃饭等。上学后握笔、画画、剪纸、做手工操作等动作笨拙，特别是书写困难，写字出格，字体东倒西歪。在阅读时眼球运动不协调。体育课表现很差，玩各种球类都比较困难。手指快速轮替、双手交替翻掌等活动不灵活。

这些问题明显干扰了儿童的正常学习和日常生活。因为不灵活，他们会回避参加各种玩耍和体育、娱乐活动，人际交往的机会减少。其运动功能障碍会延续到青少年期甚至成年。由于书写及手眼协调能力差，他们不喜欢、不愿意学习，可能继发学习困难。

三、治疗和干预

主要的治疗方法包括两类：

1. 改善运动障碍　可以采用感觉统合治疗、感觉运动训练等，这些方法通过感知觉的刺激产生对意志行为的需求，从而使主体在更高水平上重建对运动过程的控制。这类方法目前虽然已使用30多年，但是疗效并不确定。

2. 促进运动技能的习得　特异性的任务干预法是指导患儿充分利用环境的反馈信息，调整自己的运动行为；认知疗法则通过认知手段改善患儿的运动功能，可以有效增加运动量和对运动活动的参与性。

第三节　对立违抗障碍

对立违抗障碍表现为一种愤怒、易激惹的心境，以及争辩、对抗、怀恨报复的行为模式。常起病于学龄期，进入青春期后，与逆反心理交织在一起，其症状更严重，更难于管理。多动症儿童中伴有对立违抗障碍的有35%～65%。

一、对立违抗障碍形成的原因

1. 调节情绪能力的缺陷　巴克利博士认为多动症儿童容易共患对立违抗障碍可能与他们自我调节情绪（如愤怒、敌意）的能力不足有关，当遇到不愉快的事情，他们缺乏适当的解决方法，只有靠发脾气、对抗、攻击来发泄情绪。

2. 教育方法不当　家长和老师通常会对孩子的不良行为进行提醒、责备、训诫、惩罚，试图使其顺从。挫折 - 攻击理论认为当目的行为受阻或被迫中断时，会使儿童产生挫折感，这反而增加了其不顺从的频率和强度，从而导致对抗。就像一条小溪，在正常情况下会顺畅地流淌，如果遇到山石塌方将溪水堵住，则溪水外溢，殃及农田。

3. 家庭环境不良　父母离婚、分居、家庭不和睦，父母教育方法不一致，经常打骂孩子等，均可能成为对立违抗障碍的促发因素。在这样的家庭中，孩子得不到关心和基本心理需求的满足，甚至受到虐待，导致他们对父母和家庭不满与敌视，而表现出对抗行为。

二、临床表现

1. 对立、违抗的情绪　这些孩子常常烦躁不安，感到无助，自尊心受挫，对挫折的耐受力差，一点小事就会惹得他发火。他们非常敏感，有时曲解别人的意思，一句善意的话也容易惹得他恼怒。内省力差，把一切不顺利都归咎于别人，怨恨别人，因而常与父母、老师产生冲突，甚至出现攻击行为，这种攻击是由于愤怒或挫折激发的冲动性攻击，过后他们又会内疚和悔恨。

2. 争辩 / 对抗的行为　这些孩子经常和父母、老师、其他成人争辩，当受到批评时，总是强调客观，强词夺理；当与人发生纠纷时，不能通过谈判、让步而和他人达成妥协。他们主动地对抗或拒绝服从学校、家庭的要求，不按规则办事，有的口头答应却不执行，严重时甚至公开蔑视对抗，不服从管理。由于他们的行为不断受到父母、老师的批评和阻止，会激发他们的敌对情绪，对大人不尊重或充满敌意，通过故意的打扰、语言攻击来惹恼他人，有时非要把父母激怒才罢休。常把因为自己的错误或不良行为造成的后果归咎于他人，指责他人，挑剔别人的缺点，如果别人冒犯了他，就怀恨在心，蓄意报复。

多动症儿童的对抗、挑衅行为有一个循序渐进的发展过程，开始他们试探着通过不理睬指令或发脾气、争辩，迫使父母改变对他的"限制"，父母的退让则使其行为得到强化而愈演愈烈。本章开头案例中的璐璐和小驰都患有对立违抗障碍。

由于患儿常烦扰、怨恨、敌视他人，所以他们与同伴相处困难，不愿或较少参加集体活动，变得孤僻，没有朋友；他们与父母、教师等也缺乏交流，得不到理解和援助。随着年龄的增长，有可能发展为品行障碍或焦虑抑郁障碍，少数还发展为人格障碍。近年来认识到对立违抗障碍在多动症和品行障碍之间起了一种桥梁作用，所以预防和治疗对立违抗障碍对于预防品行障碍非常重要。

三、治疗和干预

1. 药物治疗　现有临床证据表明，治疗多动症的药物不仅对多动症有效，对于对立违抗障碍也有肯定的疗效。此外对于严重的对立违抗，可以使用非典型抗精神病药物治疗，以控制攻击性和调整情绪。

2. 心理治疗

（1）改变管理方式：父母要改变过去那种压制、动武、唠叨的管理方式，与孩子沟通，学会倾听、理解并接纳孩子的感受；

（2）协商解决问题：让孩子参与做出决定，订立大家都能接受的家庭规则，全家人共同遵守；

（3）认知行为治疗和家庭治疗：对于改变患儿的认知和行为具有肯定的疗效。家庭矛盾冲突多、管理儿童有困难的可以采用家庭治疗。

第四节　品行障碍

品行障碍是指在儿童青少年期反复、持续出现侵犯他人的基本权利、违反与年龄相适应的社会规范或规则的一种行为模式，这些行为影响儿童少年本身的学习和社交功能，损害他人或公共利益，给社会造成危害。多动症儿童中 13.8% 伴有品行障碍。

一、品行障碍的原因

（一）生物学因素

1. 遗传因素　在品行障碍的家系中，反社会性行为的发生率非常高；双生子研究发现单卵双生子的同病率为 35%，双卵双生子为 13%。分子遗传学研究发现 DR2 和 DR4 基因的交互作用与品行障碍相关。

2. 神经递质异常　中枢神经系统 5- 羟色胺功能减低与冲动、攻击性行为有关。

3. 神经影像学研究　功能性磁共振研究发现品行障碍患者前额叶皮质、岛叶及杏仁核体积减小、灰质密度降低。

（二）社会心理因素

1. 认知因素　攻击水平高的男孩常常感觉其他人对自己有敌意，他们解决社交问题的策略少，常采用不恰当的方式解决冲突。智力低下的患儿语言和执行功能（注意、抽象、计划、对不恰当反应的抑制能力）缺陷也与违法犯罪有关。

2. 家庭因素　亲子关系不良，家庭中缺乏关爱和温暖、父母对孩子粗暴打骂、躯体虐待是品行障碍的确切病因；父母对孩子缺少管教也与青少年犯罪有关。父母婚姻不和、离异，父母患有精神疾病，父亲有反社会性人格障碍、犯罪行为和酒精滥用，以及家庭经济水平低等因素与品行障碍的发生显著相关。

3. 社会因素

（1）"标签"作用：儿童一旦有过几次违纪行为，周围人们很容易形成定式看法，并给这类儿童贴上"标签"。这种定式看法不仅使周围人对品行问题儿童的过失行为变得敏感和关注，也容易促使孩子的违纪行为重复发生。

（2）亚文化因素：这些孩子在社会化过程中由于缺乏自控，无法得到正常群体的接纳，他们自然地与有着同样问题的孩子走到一起，形成一些不良团伙。在这些团伙中，他们不接受主流文化（好好读书、上大学、找工作），而信奉团伙内的规则，崇尚哥们义气，以武力解决问题，会打架的人受到大家的崇拜，一些孩子在这类团伙中通过相互影响而出现违法行为。

（3）社会大环境：黄色、暴力、拜金主义、读书无用论、哥们义气等社会不良风气影响着青少年的价值观和行为准则。多动症和品行障碍的共同病理基础是抑制功能缺陷，面对各种诱惑，他们缺乏自我控制，这种素质特征，在不良的社会环境中，更容易滋生不良行为。

二、临床表现

1. 攻击性行为

（1）经常欺负、威胁或恐吓他人：这些患儿在学校经常欺负同学，有时纠集其他同学一起欺负比较内向、弱小的同学，如：威胁同学拿钱、拿物给自己用，并恐吓他们不准说，使他人承受压力或遭受伤害。近年来备受社会各界关注的校园欺凌和校园暴力等，多为这些品行障碍者所为。

（2）暴力、伤害行为：这些患儿使用可能引起严重躯体伤害的器械（棍棒、砖块、破瓶子、刀、枪），残忍地伤害他人；或当面抢劫、强迫他人与自己发生性行为等；他们也会残忍地伤害动物。

（3）情绪冲动：他们对批评非常敏感，一点小事就会引起他们的愤怒而大发雷霆，常闹得不可收拾。

2. 破坏或盗窃、欺诈

有些患者故意纵火或蓄意破坏他人财产，或入室盗窃值钱的物品，或伪造证件用于欺诈，并经常说谎以获得物品、好处或推卸责任。

3. 严重违反规则

这些孩子在13岁之前经常逃学，离开家在外过夜或长时间不回家。

追踪研究发现多动症共患品行障碍者比单纯多动症的品行问题更严重、持续时间更长，导致更多成人期反社会行为、物质滥用和违法犯罪，给家庭及社会带来沉重的负担。

当这些行为触犯了刑律，则称为青少年犯罪。20世纪70年代以来，我国青少年犯罪率不断上升，青少年犯罪占整个社会刑事案件的70%以上，且重复犯罪率也高于成年人。16岁以下少年犯罪案件又占到了青少年犯罪案件总数的70%，其中冲动暴力犯罪占47%。这也就是我们强烈呼吁在儿童早期积极治疗多动症的原因。

三、治疗和干预

1. 药物治疗　治疗多动症的药物有利于更好调整反应性 - 冲动性行为，可以用于多动症共患品行障碍的患儿，对于无多动症的品行障碍患儿也有改善冲动的作用。抗精神病药物也能改善品行障碍的冲动、攻击症状。

2. 心理治疗和社区干预　目前品行障碍缺乏单一有效的治疗方法，需要心理、社会综合干预，认知行为治疗、父母管理训练、家庭治疗都有一定效果。

（1）以学校为基础的干预：通过对教师的技能培训、课堂范围内的干预、相关课程的干预，个体化治疗，以及利用多种手段，改善儿童在课堂和课外的行为表现，促进他们回到正确轨道，完成学业。

（2）社区干预：由于品行障碍患儿多失学，有的甚至涉及法律问题，对这部分孩子，可以由社区牵头，着眼于家庭、学校、同伴，组织家庭成员和对儿童青少年生活有积极影响的人，利用可用的社会资源（如日间治疗、收养安置、心理卫生、社会活动、关心下一代协会）来帮助有品行障碍的青少年，通过自身干预，提高儿童青少年调节自身行为的能力；通过家庭干预，提高父母行使职责的能力并改善家庭成员之间的关系，促进他们回归社会。

第五节　焦虑障碍

儿童焦虑障碍以过分焦虑、担心、害怕为主要体验，伴有相应的认知、行为改变和躯体症状，包括分离性焦虑、特定恐怖症、社交恐怖症、广泛性焦虑，青少年还有惊恐发作、广场恐怖症等。多动症儿童中 25% ~ 30% 伴有焦虑障碍。

一、焦虑障碍的病因

1. 遗传因素　焦虑儿童的父母患焦虑症、抑郁症、社交恐怖、广场恐怖症的比例比一般人群高。

2. 行为抑制　这些儿童早期表现为行为抑制气质（对新奇和（或）不熟悉的环境特别害羞、害怕和退缩）。对这种气质特征的孩子的追踪研究，发现到青少年期或成年期易患焦虑症、抑郁症。

3. 父母教养方式　研究发现这类孩子的父母常采取过度保护和过度控制的教养方式，使孩子缺乏应对困难的能力，一旦遇到挫折或压力（例如遭遇家庭不幸、考试成绩差、受到批评等）就容易诱发焦虑。

4. 多动症和焦虑症的关系　一种观点认为焦虑是多动症孩子适应失败的结果，多动症儿童比一般儿童在生活中遭遇更多的压力，例如被同学孤立、受到老师批评或家长责罚等。因为学习成绩不好，所以他们遇到考试就担心；因为伙伴关系不良，担心会遭到同伴的拒绝，久而久之就产生了焦虑症。另一种观点认为焦虑是始发症状，只是由于儿童年龄小，不会表达内心的烦恼，而以多动症的行为表现出来。如果有焦虑症家族史，孩子小时候胆小、恐惧，对母亲过分依赖，往往提示有焦虑症状。有人认为共患焦虑的多动症可能是多动症的一个亚型。

二、临床表现

1. 精神焦虑　表现为担心、害怕，紧张不安，易烦躁、不愉快等，受发育因素影响，儿童常通过不安的行为来表达焦虑，如哭闹、纠缠大人，发脾气、攻击亲人和自己，和同学、老师发生冲突等。

2. 躯体焦虑　焦虑时会出现各种身体不适，如头痛、胃痛、恶心、呕吐、心慌、呼吸困难，感到疲倦等，到医院检查又找不到原因。

3. 临床常见类型

（1）分离性焦虑：当患儿与主要依恋人或家庭分离时出现明显的焦虑；5～8岁儿童总是不切实际地担心父母或主要依恋者被伤害，怕离开父母，不愿意去上学；9～12岁在与父母分离时表现出过分的苦恼；而在青少年，最常见的表现是躯体不适和拒绝上学。

（2）特定恐怖症：对某些特定物体或情境出现明显的害怕，如怕小动物、怕黑暗、怕鬼，不敢独自睡觉等，当遇到这类情境时出现惊恐、哭叫、发脾气、呆住不动或依赖他人。因为担心这些害怕的情境出现而表现出回避行为，例如不敢一个人上厕所、不敢独自待在家里。

（3）社交恐怖症：基本特征为害怕成为别人注意的焦点，表现出明显的回避行为，如不敢与人目光对视，害怕上台演讲。这些儿童与熟悉的人交往时正常，但与陌生人交往时出现紧张、焦虑。在学校比较孤僻，难于交到朋友。

（4）广泛性焦虑：儿童过分地担心自己的社交、学业、身体等方面的问题，如：考试考不好，老师就再也不会信任我了；同学们会看不起我、不和我玩；稍有身体不适就担心得了严重疾病，需要家人一再地安慰和保证，病程呈慢性，常持续到成年。

多动症共患焦虑时注意力比单纯多动症缺陷更明显，但攻击、对抗等行为问题少些。

三、治疗和干预

1. 药物治疗 多动症共病焦虑障碍的治疗分为针对 ADHD 的治疗和针对焦虑障碍的治疗两个方面。如果患儿的多动症状明显，造成功能损害，托莫西汀是一线选择，在改善注意力、学习和人际关系后，焦虑症状可能随之减轻。如果患儿焦虑症状明显，影响了学习，可以先使用选择性 5- 羟色胺再摄取抑制剂改善焦虑，待焦虑好转后，再加用治疗 ADHD 的药物。

2. 心理治疗 对于焦虑症状，需要采用认知行为治疗来改变与患儿焦虑相关的认知。如果家庭功能异常是导致孩子焦虑的原因，可以采用家庭治疗。

第六节 抑郁障碍

抑郁症以情绪低落为主要表现，伴有相应的思维、知觉和行为方面的改变。研究报道多动症儿童中 3% ~ 38% 伴有抑郁。

一、抑郁症的病因

1. 遗传因素 儿童青少年抑郁症的一级亲属中抑郁症终生患病率估计为 20%～46%，中枢神经系统 5- 羟色胺功能不足、下丘脑 - 垂体 - 肾上腺轴功能失调是其生物学基础。

2. 社会心理因素 重大的生活事件、童年的不幸遭遇、家庭环境中矛盾冲突多、家庭成员之间相互支持少等因素在抑郁症的发生中也起重要作用。

多动症与抑郁症有较高共患率的原因，一种观点认为与遗传因素有关，这些多动症儿童的亲属中抑郁障碍的患病率显著高于对照组，多动症与抑郁可能有共同的家族危险因素，多动可能是抑郁症的早期表现。另一种观点认为，社会心理因素是多动症产生抑郁障碍的重要原因，父母婚姻不和、慢性应激、生活事件以及父母对孩子的过度干涉、缺乏责任感都是重要影响因素。多动症儿童学业和人际关系不良，自我意识水平降低，家长和教师不当的教育方法以及同学的排斥进一步挫伤其自尊心和自信心，容易导致抑郁发作。本书开头的瑞奇就属于这种情况。

二、临床表现

1. 情绪低落 儿童青少年体验到心情郁闷，高兴不起来，变得爱哭，愁眉苦脸，兴趣下降，看不到希望。有的还可以表现为容易激惹，发脾气。

2. 思维联想困难 患儿感到头脑反应迟钝，注意力不集中，记忆力减退，自卑自责，甚至有自杀意念和行为。

3. 行为问题 表现为精力减退，迟钝，不爱动，不愿意与人交往，不愿意去上学；也有的表现为激越，脾气大，吵闹，摔东西，甚至做出一些违反纪律的事；还常伴有食欲降低、睡眠障碍等。

多动症共患抑郁障碍的青少年通常注意力不集中、人际交往不良、攻击行为比单纯多动症者更严重，常伴有对立违抗障碍、品行障碍、强迫症等。除发展为反社会性人格和物质滥用外，还有更多自杀的风险。

三、治疗和干预

1. 药物治疗 多动症共患抑郁症的治疗要考虑抑郁和多动两个方面。

如果患儿抑郁症状明显，影响了学习和生活，甚至有自杀意念和行为，首先要治疗抑郁症，可以使用选择性 5- 羟色胺再摄取抑制剂。待抑郁缓解后，可以加用治疗多动症的药物改善其注意力和多动冲动问题。如果患儿的多动症状明显，造成功能损害，而抑郁症状比较轻，无自杀意念和行为，可以首先治疗多动症。在改善注意力、学习和人际关系后，抑郁症状可能随之消失。如果改善注意力后仍有抑郁症状再加用抗抑郁药物。

2. 心理治疗　认知行为治疗、人际心理治疗可以改善抑郁及多动导致的社会心理问题及学业问题。

第七节　抽动障碍

抽动障碍是指身体某部分肌肉或肌群突然的、快速的、不自主的、反复的收缩运动或不自主的发声，可呈短暂的或慢性的病程，有的持续终生。多动症儿童共患抽动障碍占 10% ~ 30%。

一、病因

抽动障碍是一种神经发育障碍，一般认为是遗传因素和环境因素在儿童发育中的相互作用所致。

1. 遗传因素　抽动症具有家族聚集性，60% 有家族史，同卵双生子的共患率高于异卵双生子。

2. 脑影像学研究　磁共振扫描发现儿童期背外侧前额叶增大，而到了成年期则显著缩小。也有研究发现患者右额叶脑白质体积增加。

3. 社会心理因素　家庭环境不良，父母管教方式过于严厉、期望值超过了孩子的实际水平，以及生活中的重大事件可能引起患儿紧张、焦虑，从而诱发抽动。心理因素也可以使抽动加重。

4. 抽动症与多动症的关系　有的学者认为抽动症与多动症是有部分共同基础的相互关联的疾病；分子遗传学研究发现抽动障碍与多动症可能是一个内在相互联系的遗传性很强的疾病谱的表现，有着共同的多个致病基因。

二、临床表现

（一）抽动的形式

分为运动抽动和发声抽动两种，每一种抽动又分为简单和复杂性抽动。

1. **运动抽动**　简单运动抽动：眨眼、挤眉、耸鼻、张口、努嘴、歪嘴、做鬼脸、摇头、点头、耸肩、腹部收缩等。复杂运动抽动：表现为似乎有"目的"的动作，如：转眼睛、做鬼脸、蹲下、跳起、触摸、转圈、模仿动作等。

2. **发声抽动**　简单发声抽动：咳嗽、清喉、擤鼻、发出动物或鸟叫声。复杂发声抽动：发出音节、词组、句子、秽语（说脏话）、重复言语、模仿言语及失控的语言等。

（二）临床类型

根据临床症状和病程特征分为三种类型：

1. **短暂性抽动**　常见于 5～7 岁的儿童，以简单运动抽动和简单发声抽动常见，病程在 1 年以内。

2. **慢性运动抽动或发声抽动**　以简单或复杂运动抽动和简单发声抽动多见，发声抽动和运动抽动不同时存在，病程 1 年以上。

3. **图雷特（Tourette）综合征**　过去称为抽动秽语综合征，起病于 2～15 岁，表现为多个部位、多组肌群同时发生的简单或复杂抽动。

多动症伴有抽动时会出现更多的心理问题，如学习困难、冲动行为、攻击性行为，是导致其他严重并发症和预后不良的重要因素。

（三）病程

抽动障碍的病程特点是症状起伏波动，对患儿自尊心和同伴／家庭关系影响最大的时期是 7～12 岁。一项追踪研究发现，症状起伏与药物治疗之间并无因果关系。因此当孩子症状加重时，家长不要过度担心，可以观察一段时间，不要急于加量或换药。

（四）抽动障碍的预后

追踪研究显示，10 岁前有明显抽动的患儿到青少年期有 80% 症状减轻或消失，18 岁以后症状可以减少到无明显功能损害（虽然部分患者仍有轻微抽动）。约 20% 患儿的抽动严重程度并不减轻，甚至成年期还可能加重。总体来说，虽然儿童期患抽动症的患儿比健康儿童的生活质量差，但比其他精神障碍要好。

三、治疗和干预

（一）药物治疗

如果症状轻微，患儿自己无痛苦感、对学习生活没有影响，建议不用药，继续观察。

根据患儿症状从轻到重可以依次选择可乐定透皮贴、硫必利、阿立哌唑、维思通（或其他第二代抗精神病药物）、氟哌啶醇等药物治疗。

（二）心理治疗

心理治疗的目标一是改善抽动症状，二是干预共患病和改善社会功能。

1. 对儿童的支持性心理治疗 由于抽动和发声行为非常引人注目，会使患儿敏感，害怕同学和教师另眼相看，而变得自卑、退缩或脾气急躁，这些心理问题给患儿造成的损害甚至超过了抽动本身。因此，要告知患儿抽动障碍虽然会导致不适，并且起伏波动，但多数预后良好，鼓励患儿主动战胜疾病，提高自尊。

2. 对家庭的干预 有的父母不了解抽动症，认为孩子不自主的怪行为是故意顽皮捣蛋、不自主说脏话是道德品质问题而打骂孩子。有的父母因孩子患了抽动症，对疾病过度担心，而放松对孩子学习的要求，允许不做作业、停掉课外班、辞掉班干部，有要求立即满足，这种过度关注使患儿无形中把自己视为"病人"而放松对自己的严格要求，变得任性、急躁、难于管理。家庭干预首先要提高家长对抽动症特征和预后的认识，正确对待患儿，既不视其为故意捣蛋也不以"患病"为理由而过分迁就。对抽动症状造成的困难（例如上肢抽动无法写字），可以改为口述完成作业。对家长本身的焦虑、紧张等心理变化也应予以干预。

3. 行为治疗

（1）放松训练：放松治疗的目的一是放松肌肉，减少抽动频率，二是缓解由抽动所致的焦虑。

（2）习惯反向训练：可用于年龄较大的孩子。首先训练患儿发现抽动先兆，帮助患儿选择一种身体上与抽动症状相反的动作，在出现抽动欲望或开始抽动时，有意识地实施这个动作（例如想张口就把口闭紧），嘱患儿维持这个动作至少1分钟或直到抽动的冲动消退，经过反复训练能够阻止抽动发生。

（3）认知行为治疗：认知成分在克服患者不舒适感方面起重要作用，例如患儿在抽动前感觉口中湿湿的，不合理的信念认为口中唾液过多从而引起不断吐口水。采用认知治疗是通过改变这种负性认知达到控制吐口水的目的。

第八节　网络成瘾

　　儿童青少年由于自我控制能力差，是网络成瘾的易感人群。特别是患有多动症的孩子，由于冲动、缺乏自控，更容易发生网络成瘾。近年来智能手机的高度发达，使孩子随时能够上网，监管更困难。

　　过去对网络成瘾是不是一种心理障碍存在争议，随着研究的深入获得了不少证据，2013年美国DSM-5将网络游戏成瘾纳入诊断标准，对网络游戏成瘾有了比较清晰的界定：网络游戏成瘾是一种过分的、延长的网络游戏模式，可以导致认知和行为症状，耐受性增强并出现戒断症状。网络游戏成瘾在亚洲国家12~20岁的男性青少年中患病率最高，一项研究报道青少年（15~19岁）的时点患病率，男性为8.4%，女性为4.5%。

一、网络成瘾的原因

　　1. 网络传播的特点是网络成瘾的外因　　网络的匿名性、逃避现实性、精神上的满足感，使儿童青少年乐此不疲。

　　2. 儿童青少年自身的缺陷是网络成瘾的内因

　　多动症是青少年网络游戏成瘾的主要危险因素，根据我们的调查，网络游戏成瘾学生中，22%符合多动症的诊断。为什么多动症孩子更容易网络游戏成瘾呢？这与多动症的症状有关：①多动症孩子自我控制能力差，当需要在网络和学习任务之间中做出选择时，他们不能抵制网络的吸引力；②缺乏计划性，一旦上网玩起来很容易出现时间的失控；③寻求新奇刺激，网络游戏充满了强烈刺激和新鲜感，孩子的上网行为很容易被这些游戏强化；④逃避失败和挫折，他们在现实生活中面临着学习、伙伴关系等方面的困难，自尊心下降，转而把网络游戏作为一种寻找自尊、获得成就感的途径，通过网络游戏得到心理满足。

此外，具有焦虑、抑郁等情绪问题的孩子，个性内向、人际交往能力差、学习成绩差者把网络游戏作为逃避不良情绪的一种方法，以暂时摆脱内心的烦恼，也是网络游戏成瘾的易感人群。

二、临床表现

（一）成瘾症状

孩子沉迷网络游戏有一个发展过程，开始时，这些孩子只是好奇，或通过上网来逃避现实中的困难。随着上网时间不断延长，变得欲罢不能，出现下列症状：

1. 沉迷于网络游戏 对游戏有一种难以控制的强烈渴望，脑子总是回想先前的游戏，期望玩下一个游戏，他们可以连续玩游戏长达 8～10 小时以上，除了网络游戏，对先前的爱好和娱乐都失去兴趣。不按时吃饭，睡眠节律颠倒，学习成绩下降。

2. 依赖性 如果阻止他们玩网络游戏，他们会出现烦躁不安、焦虑、闷闷不乐，容易激惹，脾气失控，即所谓戒断症状。必须通过玩网络游戏来逃避或缓解这些负性情绪。

3. 耐受性 需要花越来越多的时间上网，上网时间每次都超过原来的计划，只有通过长时间的上网才能激起兴奋。

4. 他们隐瞒自己的上网时间，为此向家长、好友或其他人说谎。虽然想控制自己，减少或停止上网，但仍控制不住地继续下去。

（二）网络成瘾对孩子的影响

1. 对学习的影响 网络游戏侵占了大量学习时间，导致白天上课没有精神，学习兴趣减弱，无法按时完成作业，成绩下降，逃课、逃学，学业荒废，甚至失学；长期上网会导致认知功能受损，推理、逻辑思维能力下降。

2. 对人际交往的影响 成天待在电脑前而渐渐减少了与现实生活中的人的接触，与家人交流、沟通时间减少；对于与同学交往失去兴趣，对人冷漠，严重者足不出户，除了个别家人外不与任何人来往，导致孤独感与孤独行为。

3. 对情绪的影响 感觉悲观、消极，丧失自信、自尊，精神不振，缺乏兴趣和动机，甚至出现自杀意念和行为。

4. 对行为的影响 行为变得孤僻、回避与人交往、待人冷漠；有的表现警觉性增高，自负、敏感、容易冲动；为了达到上网的目的，私自拿父母的钱或说谎向父母要钱，当要求达不到，就发脾气、打骂父母、砸东西、离家出走；甚至偷窃、抢劫。

三、治疗和干预

网络成瘾无特殊药物治疗，对于原有多动症者，可以使用治疗多动症的药物提高其自我控制能力，逐步恢复学业。对于不能上网后出现明显焦虑、抑郁（戒断症状）者可以使用舍曲林改善情绪，心理治疗对网络成瘾的戒除有效（详见第七章对孩子上网的管理）。

四、网络游戏成瘾的预防

网络游戏成瘾与烟酒毒品成瘾具有相同的性质，一旦成瘾较难治疗，家里有多动症的孩子，在孩子很小时，就要制订管理电脑和手机、iPAD 的规则，预防网络游戏成瘾比成瘾了再去处理要有用得多。

1. **掌握好学习时间和玩网络游戏时间**　与孩子约定，一天中的某个时间段（可以选择晚上做完作业后）可以安排玩网络游戏，但要规定时间。上学日每天不能超过半小时，周末 12 岁以下儿童不宜超过 2 小时 / 日；12 岁以上不宜超过 3 小时 / 日。要使用定时器或闹钟，时间到了要及时下网。父母要坚持原则，不论孩子怎样央求，也不要心软、退让。

2. **合理安排活动**　网络游戏不是课余活动的全部，要和孩子一起合理安排课余活动，培养多种兴趣，例如：欣赏性活动：看电影、书籍、报纸、听音乐、看球赛；智力性活动：玩扑克、下棋；运动性活动：武术、打球、跑步等；社交性活动：聚会、交友、参加团体活动等；休闲性活动：散步、集邮等；创造性活动：写作、摄影、画画等；让丰富多彩的活动和上网交替进行。

3. **解决面临的各种问题**　有些网络游戏成瘾的孩子不是真正对网络感兴趣，而是在学习、人际交往、家庭、社会活动的处理上遇到困难的结果，应该积极解决这些问题。

4. **对上网内容的监控**　孩子玩网络游戏，家长不能放任他自己玩，要对上网内容有所选择，避免孩子点击有黄色、暴力内容的网站，如果不小心进入了，要及时、坚决地退出。对玩游戏的类型要有所选择，研究发现爱玩暴力游戏的儿童成瘾的危险是玩非暴力游戏儿童的 9.3 倍，因此要引导孩子多玩非暴力倾向的、益智的游戏。

第九节 物质滥用和成瘾行为

物质滥用是指反复使用精神活性物质（包括烟草、酒精、镇静催眠剂、大麻、兴奋剂、海洛因等）引起明显不良后果，出现躯体、心理方面的损害，导致法律上的问题。成瘾指强迫地连续或周期性地使用某种物质，虽然能意识到这样做会给自己带来各种不良后果，但无法控制。

与正常孩子相比，患有多动症的孩子更容易共患物质滥用和成瘾行为，美国的一项调查发现，将近 50% 的多动症青少年在 14～15 岁间抽过烟，而正常对照组为 27%；40% 的多动症青少年喝过酒，对照组为 22%；17% 的多动症曾服大麻，对照组为 5%。ADHD 患者物质滥用的发生率约是正常人的 6.2 倍，物质滥用出现的年龄常为 17～22 岁，大多数患者首先是吸烟、饮酒，继而发展为吸毒。

一、病因

多动症患者为什么容易物质滥用？这可能与他们的冲动性有关，面对烟、酒、毒品的诱惑，一方面他们出于猎奇心理而不考虑后果，另一方面他们在大是大非问题上缺乏自控能力，无法作出拒绝的决断。除了以上的心理机制外，还有神经发育问题，多动症孩子大脑内的神经递质尤其是多巴胺功能不足，他们需要通过这些成瘾物质来提高大脑内的多巴胺水平以获得愉快感。

二、临床表现

1. 依赖 使用成瘾物质首先表现为依赖，他们明知使用成瘾物质会带来问题，但还在继续使用。依赖分为躯体依赖和心理依赖，躯体依赖表现为耐受性增加和戒断症状；心理依赖是指使用者产生一种愉快满足的或欣快的感觉，驱使他为寻求这种感觉而反复使用。

2. 耐受性增加　使用者必须增加使用剂量才能获得所需的效果。

3. 戒断状态　停止使用或减少剂量后出现特殊心理、生理症状群，不同物质所致的戒断症状不同。例如尼古丁会使人产生一种轻柔愉快的感觉，停止吸烟可出现烦躁、焦虑、心境恶劣、易激惹或不安、头痛、失眠、嗜睡、注意力不集中及胃肠道不适等。冰毒（摇头丸）有强烈的兴奋和致幻作用，服用后表现为活动过度、情感冲动、性欲亢进、可出现幻觉妄想、自我约束力下降以及暴力倾向。长期滥用后突然停用，会出现高度疲劳、精神抑郁、饥饿感，以及强烈的渴求行为。

4. 强制性觅药行为　使用者冲动性使用成瘾物品，为了找到成瘾物品可以不顾后果，例如偷窃、抢劫、卖淫等。

三、治疗和干预

物质滥用和成瘾行为的治疗和预防，需要家庭、学校、社区、医务人员等社会各界的支持和协作。

阿片类物质、镇静催眠药物及酒精滥用者，一旦减药或停药，血液中的活性物质的含量下降，易出现严重的戒断症状，需要住院治疗。一般采用替代疗法，以减轻戒断症状的严重程度，使滥用者能较好地耐受。同时采用认知行为治疗、团体治疗、家庭治疗、以及动机强化治疗帮助患者预防复吸。

烟草、大麻、可卡因、苯丙胺等物质滥用，一般躯体依赖不明显，但心理依赖较强，往往对这些物质有强烈的渴求感。对心理依赖没有合适的药物解决方案。一般采用个体化心理治疗、集体心理治疗、生活技能训练及综合心理行为干预等方法，使患者认识到滥用物质的危害性，最终达到远离毒品的目的。

抗精神病药物、抗抑郁剂、抗焦虑剂等可以短期对症使用。

多动症合并物质滥用不但增加了治疗的难度，还会带来很多的社会问题，甚至导致多动症患者走向违法犯罪的道路，所以如何避免多动症孩子发生物质滥用是值得医生和家长关注的重大问题。

第十节　孤独症谱系障碍

孤独症谱系障碍（ASD）是以社交交流和社交互动障碍，刻板重复的行为模式、兴趣或活动为特征的一组神经发育性障碍，过去称为儿童孤独症（自闭症）。孤独症谱系障碍共病多动症很常见，在大样本研究中共病率达13%～50%；在一项对4～8岁学龄儿童多动症及孤独症谱系障碍共病的研究中，发现近三分之一的孤独症患儿同时存在显著的多动症症状。

一、临床表现

1. 社会交往障碍　这些儿童对与人交往没有兴趣，也缺乏交往方式和技巧；通常回避目光接触，不会玩想象性和角色扮演性游戏，很难学会和遵守社会规则。

2. 兴趣狭窄和刻板重复的行为方式　患儿对正常儿童感兴趣的事务不感兴趣，却迷恋于看电视广告、天气预报、旋转物品或排列物品，患儿会反复画同一幅画或坚持走某一条固定路线，部分患儿在数字、地图、绘画、音乐等方面表现出独特的能力。

ASD 共病 ADHD 的患儿在认知、社交及处理日常生活方面的能力显著低于那些仅患 ASD 的患儿；共病者出现认知发育落后的比例为61%，单纯 ASD 者为25%；刻板及重复行为等严重行为问题也更多见，预后更差。因此研究者认为对 ASD 患儿的 ADHD 症状进行干预有利于改善预后，提高生活质量。

3. 多动症共病孤独症症状　研究发现多动症儿童也存在孤独症的症状，发生率为1.2%，特别见于 ADHD 混合型。一些关于多动症儿童的社会交往能力的研究显示，部分患儿出现类似于孤独症的社交缺陷，例如：没有交往的愿望，语言问题，刻板行为，不能理解别人的意图及社交信息。对这部分患儿，除了治疗多动症外，还要进行社交技能训练。

二、治疗和干预

国外一项随机、双盲研究，对孤独症谱系障碍合并多动症的患儿采用托莫西汀 [1.2 毫克 /（公斤·天）] 治疗 8 周，结果发现注意力不集中、多动、冲动症状得到改善，疗效优于安慰剂组。一项研究发现，托莫西汀治疗孤独症和多动症共病患者，75% 注意力和多动有改善或明显改善，但在易激惹、社交回避和重复言语方面进步较少，提示需要予以社交技能训练。

国内一项研究用哌甲酯控释剂治疗高功能孤独症 6 个月，发现不仅注意力及多动冲动症状得到改善，而且孤独症症状中交往缺陷也有所改善。

特别提示

单纯多动症治疗起来相对简单，共患病的出现，提示多动症症状严重。这些共患病，有的是和多动症状并存，例如发育性协调障碍、学习障碍、抽动障碍、孤独症谱系障碍、部分焦虑抑郁障碍，提示儿童心理损害是多方面的；有些是先后出现，例如学习困难、焦虑抑郁障碍、对立违抗障碍、品行障碍、网络成瘾、物质滥用，是儿童适应社会失败的结果。这些共患病给治疗和管理孩子增加了难度，导致不良预后。家长们要高度重视，在学龄早期就要预防共患病的出现。

第三章

引起多动症的原因

家长们常常问：多动症是什么原因引起的？是缺乏什么元素吗？是出生时使用吸引器造成了脑损伤吗？是我们教育方法不对吗？

自从发现多动症孩子与正常孩子不同，人们就试图寻找引起多动症的病因，20 世纪 80 年代以来，对多动症病因学的研究有了长足的进展，对多动症的脑发育及其行为机制有了更多的了解。这里介绍多动症病因学研究的主要学说。

关于多动症病因总的来说涉及两大类因素：①生物学因素：例如遗传因素或母亲怀孕期间酗酒、吸烟；②社会学因素：例如家庭环境、教养方式等。

第一节　生物学因素

一、遗传因素

遗传学研究是近年来多动症病因学研究进展最快的领域之一。多年来的临床观察已证实多动症儿童的父母比对照组的父母有更多的心理问题，包括成人多动症、酗酒、冲动、反社会行为和抑郁症等，提示多动症存在家族聚集性。

1. **家系研究**　哈佛大学比德曼教授在 1990 年的一项研究中，对 75 例多动症儿童的母亲、父亲和兄弟姐妹进行评估，并与 26 例没有精神障碍的儿童和 26 例患其他精神障碍儿童的家庭成员对照，结果发现多动症的 I 级亲属患多动症的超过 25%，而其他两组仅 5%（5% 是多动症在一般人群中的患病率）。也就是说，如果一个孩子患多动症，家庭里的其他成员有多动症的风险比一般人高 5 倍。

双生子研究：研究发现当双生子之一有多动症，同卵双生子（由同一个细胞分裂而来的孩子）有多动症的为 79%，异卵双生子（由两个细胞分别形成的孩子）仅为 32%，但后者仍比一般人群高 6～10 倍。

寄养子研究：寄养子指父母把孩子从小送给别人带养，这些孩子没有受到亲生父母教养方式的影响。研究发现不管寄养家庭的经济、教育和患病情况如何，有心理异常的父母寄养出去的子女比正常父母亲寄养出去的子女患多动症的可能性要大，这说明遗传所起的作用。

2. 分子遗传学研究 现在，国外研究已证实至少两个基因可能与多动症相关，一个叫做多巴胺 D4 受体基因，参与调节神经元对多巴胺的敏感性，这个基因与人类寻求新奇刺激的特征相关，多动症儿童恰恰具有这种好冒险、冲动、不安、寻求刺激的特征。第二个基因叫做多巴胺转运体基因，参与从触突间隙再摄取多巴胺，从而增加多巴胺的活动。全基因组关联研究也发现 ADHD 与多个基因相关，但是目前尚无定论。多动症表现了一系列复杂的人类特点，这些复杂的特征常常是由多基因决定的，每个基因可能只起很小的作用（称之为微效基因），科学家认为多动症可能是多种基因所代表的特征累加的结果。

二、神经发育障碍

在新近出版的美国《精神障碍诊断和统计手册》第 5 版中，将注意缺陷多动障碍（ADHD）归类在神经发育障碍这一大类中。神经发育障碍是指由于各种原因（遗传、脑损伤或环境因素）造成脑的生长发育受阻，影响脑的各种功能，包括认知、运动、语言、学习和行为障碍。多动症神经发育障碍的原因有以下一些证据：

1. 中枢神经递质水平降低 神经递质是在脑神经细胞之间传递信息的化学物质，这些物质就像我们接力赛跑时的接力棒，由突触前膜释放到突触间隙，再被下一级神经元的突触后膜吸收，从而产生生理效应。研究发现患有多动症的儿童某些神经递质——多巴胺和去甲肾上腺素功能不足。

目前还没有办法检测中枢神经递质水平，有以下几个方面的证据间接支持这个观点：①影响中枢神经递质的药物——中枢兴奋剂可以改善多动症的行为。②动物实验显示中枢兴奋剂可以提高多巴胺和去甲肾上腺素在大脑里的含量，从而推测多动症儿童大脑中这两种化学物质不足。③使用药物破坏幼年大鼠、狗的大脑中富含多巴胺的通路，结果这些动物长大后变得相当多动。同时发现给这些动物使用兴奋剂治疗后多动会减轻。④一些研究者检查了多动症儿童的脑脊液，发现多巴胺含量的减低与多动行为相关。⑤近年来分子遗传学研究发现许多与多巴胺、去甲肾上腺素、5- 羟色胺有关的基因和多动症存在关联。所有这些证据都说明，多动症儿童的脑内多巴胺和去甲肾上腺素水平降低。

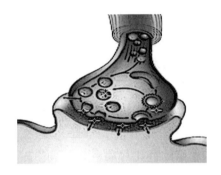

2. 脑功能减低　研究者通过电生理和影像学方法研究多动症大脑的活动水平，发现脑的前额叶功能减低。有以下一些证据：

（1）脑电活动降低：脑电波记录脑细胞群的生物电活动，反映脑的生理功能和病理变化。有大量研究发现多动症儿童脑电活动特别是前额叶的电活动比正常儿童低，呈现一种不成熟的波形——慢波，就像幼儿的波形一样。事件相关电位是在进行认知操作事件时诱发的脑电变化，反映认知功能。研究发现多动症儿童在选择性注意时，N1～P2、P3波幅明显降低，潜伏期延长，说明认知过程的感受能力下降，信息加工过程缓慢。而服用兴奋剂后，脑电活动增加，慢波减少。

（2）脑血流降低：大脑纹状体是连接额前区和边缘系统之间的通路，在控制行为和保持注意上起很大作用；边缘系统的主要功能是调控情感、动机和记忆。研究者通过单光子发射电子计算机体层扫描（SPECT）研究多动症儿童的脑血流，发现多动症儿童前额叶、尾状核（在纹状体内）血流减少，而服用中枢兴奋剂后可使该脑区脑血流接近正常水平。

（3）脑葡萄糖利用率降低：脑中葡萄糖为神经细胞提供"燃料"，当大脑活动增加时，葡萄糖含量就会增高。1990年美国国立精神卫生研究所运用正电子发射体层扫描（PET），发现多动症成人的葡萄糖利用率比对照组低，特别是在前额叶部位。而服用兴奋剂后，其降低的活动水平可以得到改善。这个研究成为多动症存在脑活动减低的具有轰动性的证据。

（4）脑耗氧量降低：当大脑进行活动时，相应区域的大脑皮层耗氧量会增加，使用功能性磁共振成像，发现多动症儿童比正常儿童大脑前额叶激活程度低，提示脑耗氧量降低，前额叶兴奋不足，功能低下。

3. 神经影像学研究 近 20 年来，ADHD 神经影像学研究成为 ADHD 病因学研究的热点，有了许多突破性发现。

（1）结构磁共振研究：研究者通过磁共振扫描观察脑结构，发现 ADHD 儿童大脑体积比正常对照组减小 3%~5%，减少的部分主要集中于右侧大脑半球，右侧大脑半球决定一个人的决策、抑制控制和选择性注意。同时，大脑的灰质和白质的体积均有减小，侧脑室体积增大，脑室的左右对称性逆转（正常儿童是右＞左，而 ADHD 是左＞右）。ADHD 患者的小脑也有改变，主要是小脑蚓部的后下方体积减小。纹状体的研究则发现 ADHD 患者尾状核和苍白球的体积明显减小。

（2）功能磁共振（fMRI）研究：在磁共振扫描时给予任务，发现 ADHD 患者的额叶激活低下，包括前扣带回、背外侧前额叶、基底核、丘脑和部分顶叶。在反应抑制功能的 fMRI 研究中，ADHD 最常见的异常脑区为前额叶下部和中央前回，这些异常脑区构成了额叶-纹状体环路及额叶-顶叶环路。

一项采用 Go-Nogo 任务（要求儿童控制自己的冲动，不去按键）的研究发现，ADHD 儿童大脑激活比对照组增多，但所激活的脑区并非正常儿童与抑制控制有关的大脑环路（如右侧大脑半球额中回和额下回），而是左半球额下回、右侧下颞叶皮质和右侧中央前回、左侧中央后回、枕下皮质、枕中皮质、右侧海马、右侧中脑和小脑等，也就是说，ADHD 儿童控制自己冲动的脑区功能不足，为了控制自己不去按键，大脑出现广泛性代偿，并且集中在后部脑组织，其控制效率低下，失误多。

（3）静息态功能磁共振成像：当大脑处于无任务的清醒静息状态时，脑部仍持续进行着功能活动，即存在着一个有组织的网络，叫做默认网络。默认网络内部的功能连接越强，外在行为表现越好。多项研究发现 ADHD 患者的额叶、纹状体、小脑等部位存在功能连接异常，提示默认网络发育延迟。

总之，当今各方面的科学发现明确提示，大脑"前额叶环路"功能低下可能与多动症的发生有关。这个部位是人类控制行为、保持注意和抑制反应的脑区，这些区域含有最丰富的

前额叶

多巴胺，推测多动症患儿大脑的这些区域多巴胺水平较低，负责这些功能的脑区活动水平降低，导致自我控制能力不足。

三、环境因素

1. 脑损伤　早在 100 多年前，医学家就观察到感染（如脑炎、脑膜炎）、脑外伤（损伤前额部）会引起多动行为。科学家通过外科手术或药物把黑猩猩的大脑前额叶破坏，结果黑猩猩出现了与多动症儿童非常相似的行为，它们变得多动、注意力降低、行为冲动、不能耐心等待。而损伤其他部位却不会出现这些行为，从而获得了脑损伤引起多动症的证据。

2. 孕期不良因素　国外对患有多动症的儿童进行回顾性调查，发现有 5%～10% 的患儿其母亲在孕期或分娩时患有妊娠并发症。母亲怀孕期间吸烟、饮酒，尼古丁和酒精可以引起儿童尾状核和前额区显著的发育异常；怀孕早期接触某些药物（如抗生素、解热镇痛药）可能导致脑发育异常；围产期异常，如早产、过期产、产程过长、宫内呼吸窘迫、窒息和颅脑产伤、低体重儿，怀孕期母亲患妊娠血毒症或子痫等也可能造成脑发育异常。

3. 铅暴露　儿童对铅具有易感性，1～6 岁是铅暴露的高危年龄，主要原因是儿童经常把手、玩具放在口中，环境中的铅灰、玩具油漆中的铅很容易进入体内被吸收。铅暴露主要影响儿童的智力，其认知缺陷是不可逆的。很多研究也报道铅暴露与儿童多动、攻击、违纪有关，最近尼格等研究儿童 ADHD 与铅的关系，发现即使很低的铅暴露也会导致儿童神经心理缺陷，因为铅破坏中脑多巴胺和其他神经传导通路，这些通路也正是 ADHD 的神经通路。ADHD 儿童具有遗传易感性，更容易受到铅的影响，但是铅与易感性是怎样交互作用而导致 ADHD 症状尚需进一步研究。

4. 其他因素　有机污染物（杀虫剂和多氯化联苯）也被认为与 ADHD 的病理生理相关。多氯化联苯是一大类有机化合物，人和动物实验都证实该类物质对神经行为的影响与 ADHD 的症状相类似，如工作记忆、反应抑制等方面受损。最近的一项研究提示母孕期该类物质低剂量的暴露与日后孩子的 ADHD 症状有一定的关联。出生后父母带着孩子在田间劳作，孩子很容易沾染杀虫剂和农药，造成脑损伤而出现多动、注意力不集中等症状。

此外，关于饮食结构的研究，有研究者认为 ADHD 的症状与食物色素、锌、铁和镁等的摄入有一定的关系，但是还没有确切的证据证明它们就是引起 ADHD 发生的原因。吃糖、微量元素缺乏、维生素缺乏等病因学假说曾广泛流传；但是通过研究，也没有证据证明其间的因果关系。

四、多动症病因学的机制

也许家长们会问，多动症儿童那么活跃、不知疲倦，怎么会大脑不活跃呢？我们可以用执行功能缺损理论来解释这个问题。执行功能是指个体在实现某一特定目标时，不断自我调节的认知神经机制。1997 年 Barkley 博士提出"行为抑制缺陷是 ADHD 的核心缺陷，注意力不集中、多动、冲动是由于大脑对行为缺乏抑制性所致"，这一理论得到了广泛的认可。人类大脑前额叶是进化最晚的一个区域，它主要管理人的高级精神活动，例如有计划、有条理地完成任务，在不应该行动时，抑制自己的欲望和冲动，控制自己的行为、耐心等待。举例来说，我们在商店里看见好吃的东西时，就会产生想吃的欲望，出现想伸手去拿的冲动。但理智告诉我们，商店的东西不能随便拿，要用钱买，如果没有钱，就要等自己有了足够多的钱再来买，这就是抑制行为。前额叶是执行功能最重要的大脑结构，多动症正是由于大脑的执行环路（背外侧前额叶皮质 - 尾状体背外侧 - 中苍白球 - 丘脑腹前核 - 前额叶皮质）功能不足，而常常出现一些缺乏抑制的行为。

正常人在遇到一件事时，有能力停下来思考、先计划后行动，抑制自己不去做某些不利的事；在面临有吸引力的事务时能够排除干扰，坚持自己的既定目标，这些能力都帮助我们控制自己。孩子刚出生时，是没有自我控制能力的，他们想吃就吃，想睡就睡；随着大脑发育的不断完善，逐步能按照大人的要求行事，这就是社会化的开始。社会化的过程是遵从社会的要求，逐步克制自己的欲望、按照大多数人制订的规则办事。如果一个孩子能够抑制自己的原始冲动，去

从事更为有益的活动，我们说他获得了自我控制的能力。就像开汽车，遇到前方障碍物要及时刹车，而多动症孩子恰恰是刹车系统出现了问题，所以他们不能抑制自己，按照规则行事，而屡屡受挫。

特别提示

经历了多年探索和研究，科学家们对多动症才有了今天这样的认识：多动症是一种神经发育障碍，由于遗传或孕期等不利因素影响，造成大脑前额叶发育不良，传递神经信息的物质——多巴胺／去甲肾上腺素在前额叶含量降低，不能正常管理人的行为。前额叶是人类控制行为、保持注意和有条理地完成任务的脑区，就像一个司令部，司令部如果管理能力不足，下属部队就会不听指挥，胡冲乱撞。这些发育因素，使孩子具有一种易感性，具有易感性的个体是否发病，还受后天环境因素的影响。

第二节　社会心理学因素

刚刚出生的人，仅仅是生理上具有人类特征的一个自然人，通过社会化把社会行为规范内化为自己的行为准则，才成为一个社会人。父母、家庭、学校、社会的教育是儿童实现社会化的主要途径。大量研究发现许多社会心理因素和多动症的发生、发展密切相关。儿童出生后的第一个环境就是家庭，不良的家庭环境，父母的心理状况、教养方式等对多动症的发生、发展起着重要作用。发现这些因素，予以早期干预，是预防多动症儿童症状发生、发展的重要因素。

1. **不良的家庭环境**　研究发现多动症儿童家庭常常不和谐，家庭成员间情感交流差、家庭气氛紧张、矛盾突出、经常争吵。由于家庭关系不稳定，孩子从小缺乏安全感，情感的需求得不到满足，这样的家庭氛围不利于儿童心理紧张的宣泄，可能导致或加重活动过度和注意力不集中。但多动症儿童若被环境良好的家庭领养，注意力在家庭里会有所改善。

就整体而言，多动症儿童的父母比正常儿童的父母存在更多的婚姻问题，离婚率高。这种婚姻不和谐可能与父母处理儿童不良行为的方法不一致有关，也可能与父母本身的个性有关，例如急躁、自我中心，不会为他人着想等。

家庭社会经济地位低、父母受教育程度低的家庭，一方面忙于生计无暇顾及孩子，另一方面缺乏教育孩子的知识，因而常忽视孩子的内心感受，多采用简单粗暴的管理方式，也是 ADHD 的易感因素。

单亲家庭、破裂家庭、社会经济阶层低等因素，是 ADHD、对立违抗障碍、品行障碍的危险因素。随着不良家庭环境因素的增加，孩子的异常行为及其相关的心理问题也增加。

追踪研究发现，家庭成员间的亲密程度、父母的心理问题、儿童的品行障碍、焦虑抑郁等因素，对于多动症是否持续到成年期具有预测作用。

2. 父母的心理问题 对多动症儿童家庭成员的调查发现，有严重的攻击、挑衅和反社会行为的多动症儿童，其父母常有酒精和药物滥用或反社会性人格；而没有攻击行为的多动症儿童，其父母这些心理问题的发生率低，这说明父母心理问题导致的紊乱的家庭生活可能直接促成孩子的攻击和反社会行为。

多动症儿童的父母有神经质的较多，尤其是母亲，常有抑郁情绪。其原因既可能是母亲对孩子难于管理的一种心理反应，也可能其本身就有抑郁症。抑郁使母亲产生自责、无助感，降低了管理孩子的能力，以致在教育孩子的时候缺乏耐心，孩子轻微的错误会引来父母强烈的情绪反应。

父母的心理问题和个性特征可能通过两个途径对儿童的行为产生影响：一是直接的影响，即父母行为的示范作用，例如爸爸妈妈对着孩子吼叫，孩子也就学会了吼叫；二是间接的作用，如父母的个性影响养育方式或亲子间的互动模式，再进一步影响儿童的行为。

3. 不当的养育方式 由于多动儿童从小不听话，不好管理，父母对孩子往往采用说教、压制、惩罚的养育方式。长期追踪观察发现，父母对孩子缺乏理解，经常打骂孩子，会严重影响儿童的情绪和行为的发展，导致异常行为的发生和发展。早期受虐待可严重损害儿童的情绪调控能力、自我意识和社会交往能力的发展，他们会出现与同伴相处困难、学业不佳、行为异常，严重的抑郁、药物滥用等。养育方式与多动症的继发性症状如攻击行为、冲动破坏及缺乏自尊有关。

养育方式与儿童不良行为形成的心理机制：一方面，阳性强化机制在儿童不良行为的形成中起重要作用。多动症孩子不能等待，常常采用任性、发脾气、攻击、暴力的方法来达到目的，为了避免孩子吵闹，父母或其他照顾者往往向孩子让步。当不良行为受到关注并给孩子带来好处后，这种行为就得到了强化。父母的娇惯、纵容也会导致孩子任性、不遵守规则的行为恶化。请看下面的例子：

舟舟13岁，从小性格急躁，婴儿期他饿了就大哭不止，一刻都不能等待，以致家里要把奶煮好，放在冰箱里，以便他一哭，马上兑上热水就能喝。他不论要什么东西，马上就要达到目的，否则就发脾气，急起来甚至用头撞墙。3岁上幼儿园，吃饭时他一定要吃第一碗，不然就闹得其他小朋友都吃不成饭。为了让其他小朋友能安静吃饭，幼儿园阿姨也迁就他。这种凡事要占先的习惯带到了小学，他看见自己喜欢的东西就去拿，别人不给他就抢，父母为了他不和小朋友冲突，只要他有要求就立刻满足，他的任性、自私也不断膨胀。上初中了，一次因为老师没有给他特殊优待，惹得他大发雷霆，抓起灭火器对着教师办公室所有老师喷洒，以致学校要开除他。

另一方面，有人认为儿童不良行为是阴性强化的结果。家长和老师常对孩子的不良行为进行提醒、责备、训诫、惩罚，试图改变孩子的行为，使其顺从。例如，父母要求孩子不要打断别人说话、做作业要专心，在孩子的努力过程中，父母常常以恐吓和惩罚来威胁孩子，但又不奏效，反而常常被孩子的执意不服从所激怒而打骂孩子。过后父母们又对自己这种语言或行为上的失控感到懊悔，在暴怒发作后，又以一种不适当的方式对孩子的行为予以宽容、补偿，这更强化了孩子不顺从的行为。所以，打骂和退让都会加重孩子的不听话。

第三节 遗传和环境因素的交互作用

儿童心理发展是受先天（遗传）影响还是后天（环境）影响，曾经有过激烈的争论。持先天因素学说的人说"龙生龙，凤生凤，老鼠生儿打地洞"；行为主义心理学大师华生则强调后天因素的影响力，他曾说过"给我一打婴儿，我可以按照自己的意愿随意把他们塑造成医生、科学家、神父、小偷、警察……"。随着行为遗传学的兴起和发展，先天/后天之争偃旗息鼓，人们开始认识到精神疾病是遗传和环境交互作用的结果。

我们已经知道，多动症与遗传有关，这些孩子可能携带某些易感基因。但是，研究发现遗传因素在儿童行为障碍的发生中发挥的仅仅是非特异性作用，携带易感基因者并非都发病，遗传因素与环境因素之间的相互作用才会影响儿童认知、行为和社会能力的发展。

孩子从一出生环境因素就开始起作用了。首先起作用的是家庭因素，其后是幼儿园、学校因素，随着年龄增长，孩子更多地受社会因素影响。一个携带易感基因的个体，假如父母能够理解孩子，根据孩子的个性因材施教，也许他不会患多动症，或症状很轻；如果从小就在压制、批评、惩罚中成长，他的症状会越来越恶化。一个没有多动症家族史的孩子，由于家庭的各种变故，例如遭受巨大打击，父母不和，也可以出现多动、注意力不集中等问题。著名儿童精神病学家Rutter（2002）指出，对一种障碍而言，特殊的环境风险仅对有特殊遗传变异或确定的基因型的个体起作用。遗传使个体在某种环境危险因素作用下疾病的易感性升高，但是否患病，则取决于环境因素。

童年早期大脑的可塑性非常大，著名神经生物学家Wiesel指出，在发育关键期（0~3岁）神经系统的联结可以被环境因素改变。可见后天环境因素对脑的发育以及人对环境的适应具有重要影响。对于有易感性的个体（例如困难气质），应从婴儿期、甚至胎儿期开始进行干预。当今对于神经发育障碍的早期培训、干预已经积累了大量成功的经验，对儿童多动症进行早期干预，关注环境中的保护因素，为具有不同特质的儿童提供早期环境干预的策略，可以预防其后的对立违抗、品行障碍、焦虑症、抑郁症的发生。

展望未来，随着人类基因组图谱及多形态高密度的DNA标记物绘图等先进技术的进展，以及复杂统计学的应用，进行大样本的、综合考虑多种遗传因素和环境因素的前瞻性研究，探讨哪些形式的遗传-环境交互作用导致了特定的行为或功能障碍，必将为早期干预提供更科学的策略，对于人类心理健康具有重大意义。

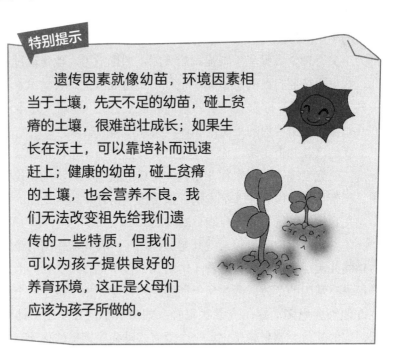

特别提示

　　遗传因素就像幼苗，环境因素相当于土壤，先天不足的幼苗，碰上贫瘠的土壤，很难茁壮成长；如果生长在沃土，可以靠培补而迅速赶上；健康的幼苗，碰上贫瘠的土壤，也会营养不良。我们无法改变祖先给我们遗传的一些特质，但我们可以为孩子提供良好的养育环境，这正是父母们应该为孩子所做的。

第四章

寻求专业帮助

当父母意识到孩子的问题已超出了家庭和学校教育所能解决的范围，感到一筹莫展时，应该想到为孩子寻求专业帮助。

第一节　就诊前的准备

一、什么时候应考虑寻求专业帮助

如果怀疑自己的孩子患有多动症，有以下线索，应考虑寻求专业帮助：

1. 孩子较其他同年龄儿童明显地多动、注意力不集中，容易冲动，时间持续至少 6 个月；

2. 邻居、亲戚等局外人认为孩子非常好动、易冲动，缺乏自控；

3. 比其他孩子的父母投入更多的时间和精力去管理孩子和保证他的安全；

4. 因为多动、易怒或有攻击行为，其他孩子不愿意和他玩耍；

5. 幼儿园或学校老师经常把孩子的行为问题报告给父母；

6. 父母经常向孩子发脾气，过后又后悔自己过度严厉伤害了孩子；或者觉得筋疲力尽、心力交瘁，甚至感到对孩子无能为力。

如果符合上述一条，父母们可以填一下康奈氏简明症状量表，以便对孩子的行为问题有个粗略估计。

康奈氏简明症状量表

评定说明：请按该儿童实际情况对以下每项问题作出评定，每项分四个等级，所评问题一点也没有，请在"0"字上画圈，偶尔有一点或表现轻微，在"1"字上画圈，常常出现或较严重，在"2"字上画圈，很常见或十分严重，则在"3"字上画圈。注意不要漏项。

1. 撕扯东西（包括指甲、手指、头发、衣服等）	0　1　2　3
2. 做事情喜欢把持、操纵	0　1　2　3
3. 容易哭或常常哭	0　1　2　3

续表

4. 容易被激惹	0	1	2	3
5. 学习方面有困难	0	1	2	3
6. 总觉得心神不宁	0	1	2	3
7. 好破坏	0	1	2	3
8. 说谎或说些无中生有的事	0	1	2	3
9. 好噘嘴、生闷气	0	1	2	3
10. 容易感觉受了伤害	0	1	2	3

把得分加起来，除以 10，如果得分大于 1.5，则有多动症的可能

二、到哪里寻求专业帮助

开展多动症诊疗的机构包括医疗机构：综合医院儿童精神科、儿科、发育行为儿科、儿童保健科、儿童神经科；精神病专科医院的儿童精神科；儿童医院及妇幼保健院的心理科、儿童保健科、儿童精神科等。在大城市，这样的机构较多，有选择余地，可以先上网查询一下哪些机构在诊疗儿童多动症方面有专长，以便少走弯路。在中小城市，特别是内陆省份，专门机构还相当缺乏，在就诊时，要找熟悉儿童发育和行为、懂得多动症诊疗的儿科医生。

心理学和心理咨询机构：大专院校的心理系或其他心理咨询机构的心理学家能够判断儿童的心理问题，进行一些心理测试，这样可以诊断孩子的行为属于哪种类型，并给予教育方面的指导和心理治疗。如果孩子通过心理治疗效果不明显，需要进行药物和其他治疗，那么仍然要寻求医学方面的专家。

学校心理咨询室：如果孩子已经上学，大中城市的学校设有心理咨询室或配备心理辅导老师，父母们可以要求学校为孩子做简单评估，如果发现孩子有异常，可以进一步到相应医院就诊。当医院确诊为多动症后，也需要心理老师的配合，进行心理治疗和特殊教育。

三、就诊前要做哪些准备工作

全面评估和正确诊断是成功地治疗儿童多动症的基础。为使医生能进行

正确的评估及相关检查，要为进行心理评估作准备。

首先，列一个有关孩子问题的清单，帮助自己厘清思路，预先做好这件事有助于医生的问诊过程进行得更顺利和更快。

1. 你现在最关心的是孩子的什么问题？在一页纸的上部写下"家庭""学校""老师""同伴""邻里"或其他你感到有问题的方面，然后，在每一项下面详细地列举出问题，特别要注意那些经常出现的问题，对于不能确定是否异常的行为也记下来，以便在就诊时询问医师。

2. 在第二张纸上写下以下项目："身体健康问题""语言发育""动作发育与协调性""感觉方面""多动""注意力差""侵犯他人""违反规则""学习能力""焦虑或恐惧""抑郁"等，然后写出日常生活中发现孩子上述问题的事例，例如：慢性或反复发作的躯体疾病（例如哮喘），视力、听力问题，阅读、计算、书写方面的问题，说谎、偷窃、旷课、离家出走等品行方面的问题。同时记下你是怎么处理这类问题的。记录这一页有助于医生更全面地了解孩子的核心问题和共存的其他问题。

3. 如果条件许可，尽可能与孩子的老师谈谈，记录下他们对孩子在学校表现的看法。

4. 然后，再拿出一张纸列出家庭方面的问题，可以用下列标题："自己的"（困扰你自己的事情），"婚姻"或"配偶"，"经济"，"亲属"，"工作"（你的或者你配偶的），"其他孩子"，及"健康"（你的或者你配偶的）；家族中父母两系三代之内有没有患多动症、焦虑症、抑郁症或精神疾病的患者，这些人目前状况如何。父母有时不愿意把那些自认为很尴尬的问题告诉陌生人，例如家庭成员酗酒或吸毒、犯罪，夫妻矛盾转嫁于孩子，对孩子管教过严或体罚，性暴力等，这种心情可以理解。但不管谈及这些问题多么尴尬，也要直面这些问题。这些事情对于全面了解孩子病情的发生、发展具有重要意义，隐瞒这些信息可能会导致误诊及制订错误的治疗计划。

这些清单描述的范围涵盖了你和医生面谈时涉及的大多数问题，有助于在就诊时很快地集中到你最关注的问题。

5. 就诊时带上婴儿发育手册，能提供母孕期、出生时及各年龄阶段发育所达到的重要指标。若无婴儿发育手册，则回忆如下重要信息：①怀孕期间出现的问题；②出生时出现的问题；③出生时的体重；④是否患过严重疾病，或受过外伤；⑤孩子在坐、爬、行走、说话、如厕等方面是否有发育延迟。

第二节　就诊的过程

下面是医生对一个多动症儿童作出全面的专业性诊断的过程：①同父母及孩子的访谈；②必要的体格检查；③必要的实验室检查；④行为评定量表；儿童智力和神经心理测验。

一、同父母及孩子的访谈

（一）同父母访谈

访谈是了解孩子情况的第一步，如果可能，父母双方都要参加，因为每个人有每个人的视角。如果一方不能来，可以把自己了解的情况和意见写下并带来。

1. 访谈的目的　①通过交谈，在父母、医生、孩子之间建立和谐的关系；②父母把对孩子的看法提供给医生，缩小下一阶段评估所要关注的问题的范围；父母提供的信息越多，医生对孩子的问题认识得越清晰，诊断也越精确；利用在家里写好的清单，在访谈中就不会忘记什么事情；③提供孩子的问题对家庭影响的方方面面，让医生对父母的心理状态形成一些印象；④展示父母与孩子之间的互动关系，这对于分析亲子关系在孩子问题中的潜在作用非常重要；⑤访谈的最终目的是对孩子的问题作出诊断并提供合理的治疗方案。

和父母交谈时医生喜欢让孩子在场，只要讨论的话题不会让孩子不安或让父母觉得不适当就没关系，医生可以在父母陈述时，观察孩子的行为表现和对于父母所谈症状的态度。如果孩子年龄较大、对介绍病史反感、有些症状不便于当着孩子面说，或父母有一些隐私不愿意让孩子知道，也可以先和父母单独交谈。

2. 访谈的内容

（1）现病史：医师需要向父母了解孩子来就诊的主要问题，这时在家里做的记录就有用场了。医生会要了解首次意识到孩子的问题是什么时候；在父母谈及症状时会要求父母就某一问题举例说明，例如孩子发脾气的起因、过程；还会了解在处理孩子的行为问题时父母双方态度是否一致；医生还会问到一系列精神病的症状，为的是排除孩子可能的精神问题；不必介意，简洁而真实地回答哪些症状有、哪些没有、程度如何就可以了。

（2）过去史：医生会了解孩子过去患病的历史，有时多动表现仅仅是一种躯体疾病的结果，例如甲状腺功能亢进、癫痫、精神病，严重的头部外伤或严重的颅内感染；其他较少见的原因如铅或其他金属水平高或毒物中毒等，这些情况需要和多动症鉴别，以治疗原发病为主。如果医师怀疑孩子有抽搐或其他脑部问题，会要求孩子做脑电图或脑扫描。

（3）个人史：医生会了解母亲妊娠和分娩及孩子发育中出现的问题；感觉与运动发育情况，语言、思维、智力、学习成绩；生活自理能力、社会行为、情感问题、家庭关系以及目前的健康和营养状况等；医生还会了解孩子的能力和兴趣，这些信息不仅为医生提供孩子的总体面貌，而且为以后的治疗提供有用的信息。医生在交谈中应该详细了解孩子在学校的情况，孩子与老师的关系（友好的、支持性的、紧张的还是有冲突的？交流是开放的、合理的、还是具有敌意的），了解这些情况可以为以后取得学校老师的配合做准备。

（4）家庭史：医生会了解有关家庭成员的信息，父母的受教育情况和职业；父母本身的心理状况，如果被问及这些个人问题，你不要有被冒犯的感觉，这些信息有助于理解孩子的问题及提出更为有效的治疗建议。还可能问及你或家族成员中是否有人患精神疾病，小时候有无发育问题、学习问题及行为问题，是否患有慢性疾病。如果对于自己幼时的情况难以回忆，可以向自己的父母了解。

交谈结束前，花一分钟再看看你写的清单，想想还有什么问题没有提出，或还有什么其他有用的信息。绝大多数医生会尊重和欣赏你的率直。

（二）同孩子访谈

医生在同孩子访谈时会观察孩子的表现、行为、发育技能，观察时间的长短取决于孩子的年龄和智力。当然，医生不会仅根据观察中所获取的信息就下结论，因为有许多孩子在医生办公室里言谈举止都不像在家里那么典型。

医生通常问孩子许多一般性问题，通过这些问题了解孩子的想法，在医学上叫"精神状况检查"，包括以下内容：

你今天为什么来看医生（孩子自己的感觉及父母怎么对他说的）？

是否认可父母讲述的问题？

是否认识到自己在课堂上存在的行为问题及由于这些行为所受到的批评。

在学校有多少好朋友？别人为什么不喜欢和你玩？

希望自己在家里或在学校有什么改变？

喜欢学习哪门功课，不喜欢学习哪门功课。

有什么爱好，喜欢哪些电视节目？喜欢哪些体育活动？

有什么理想等等。如果医生怀疑孩子有其他问题，还会进行相应提问，例如简单检查智力，询问孩子心情如何，有没有幻觉、妄想等。

交谈中，医生会对孩子解释他的问题，及时进行鼓励，以期建立良好关系，为进一步的合作打基础。对于年幼儿童，医生会让孩子玩玩具、画画或让他们随便活动，这对于发现孩子的症状很有益处。

（三）征询老师的意见

儿童的大多数时间是和老师一起度过的，所以老师的意见对于诊断很关键。医生可以请老师来，或通过电话向老师了解儿童的学业和行为问题、与同学之间的关系及在学校各种场合中的表现，例如做作业时、无人监督时（课间休息、吃中餐、在走廊里），从中了解老师是如何认识、处理孩子的问题的。也可以由家长带量表请老师填，填好后带回来。如果在学校曾做过评估，也可以把结果带来供医生参考。

二、体格检查

对多动症儿童需要作一个完整的体格检查，了解孩子身体状况；要测量孩子的身高、体重、头围，也会检查视力、听力、心脏和血压等，并做简单的神经系统检查。体格检查的目的：①排除神经系统疾病及由于其他缺陷引起的类似于多动症的疾病；②确定是否有使用治疗多动症药物的禁忌证。

三、实验室检查

在现阶段，还没有能诊断多动症的有价值的实验室检查，所以血液检查、尿液分析、染色体、脑电图、CT、磁共振扫描等在评估多动症中均不必作为常规检查，仅在医生怀疑某方面有问题时采用。

四、心理评估

什么是异常行为，什么是正常行为，其间缺乏确切的区分标准，所以国与国之间、医师与医师之间对儿童心理障碍的诊断存在很大差异。为提高诊断的可靠性，心理学家编制了许多评估儿童行为的量表和心理测验，希望找到一杆秤，用来把儿童的行为、情绪、智力等情况数量化，这些量表已经成为评估和诊断儿童行为问题的主要辅助工具。

父母们拿到一个评定结果，常常不知怎么看，下面简单介绍一些常用的量表和测验，这些量表都制订了中国常模，适合国内应用。

（一）行为评定量表

1. 阿成贝切儿童行为量表　是美国心理学家Achenbach编制的评定儿童各种行为问题的量表，包括父母量表（CBCL）、教师量表（TRF）、及青少年自评表（YSR），这套量表是国际上最常用的儿童行为评定量表之一。父母量表所评估的内容包括社会能力和行为问题两部分，社会能力评价儿童的活动、社交和学校情况，社会能力得分高，表示该儿童社会能力强，得分低则表示社会能力的某些方面受损。行为问题共113项，按0、1、2三级评分。分为8个分量表：退缩、躯体主诉、焦虑/抑郁、社交问题、思维问题、注意问题、违纪行为、攻击性行为，得分越高表明问题越明显，高于划界分即为异常。用于多动症儿童时，其注意问题分量表得分高反映儿童存在注意力缺陷；社交问题、违纪行为、攻击行为得分高提示该儿童存在人际交往方面的困难，有违纪违规行为；如果焦虑/抑郁得分高，提示该儿童共患焦虑或抑郁情绪。

2. 长处和困难问卷　由 Goodman 根据 DSM-IV 和 ICD-10 诊断标准编制，用于 4～16 岁儿童。有父母、教师、儿童自评（11 岁以上）版本。问卷共有 25 个项目，每个项目按 0～2 三级评分；分为 5 个分量表：情绪症状、品行问题、多动 - 注意缺陷、同伴交往问题和亲社会行为，前 4 个分量表组成困难总分，亲社会行为则评估儿童的长处。该量表条目数少，包括了儿童常见问题，又可评定儿童的社会能力，适合非卫生专业人士和父母应用。

3. 康奈氏评定量表　该量表由 Conners 编制，有很多版本，现在国内常用的是 48 项的父母量表和 28 项的教师量表。父母量表包括 5 个分量表：品行问题、学习问题、心身问题、冲动 - 多动、焦虑；教师量表包括 3 个分量表：品行问题、多动、注意力不集中 - 被动。量表按 0、1、2、3 四级评分，把各项目得分相加得到分量表分。得分高于划界分提示存在该方面问题。另外还有 10 条的简明症状量表（即多动指数），适用于筛查儿童多动症及追踪疗效。

4. 注意缺陷多动障碍诊断量表　是基于美国精神病学会《精神障碍诊断和统计手册》第 4 版 ADHD 诊断标准的 18 条症状编制的量表，包括父母版和教师版。量表共有 18 个项目，按 0、1、2、3 四级评分；将奇数项目分相加为注意缺陷分量表得分，将偶数项目分相加为多动冲动分量表得分，所有得分相加为总分。得分高于划界分提示儿童存在注意缺陷和（或）多动冲动，可以用于辅助诊断。

5. SNAP-IV 评定量表　是一个在 ADHD 临床上有很长历史的量表，由 Swanson 基于 DSM-IV 诊断标准编制，有父母版和教师版。SNAP-IV 分为短版和长版两个版本，短版由 DSM-IV ADHD 的症状学标准和对立违抗障碍的诊断标准组成，共 26 项。长版包括短版的 26 项，以及从其他量表选出的一些测量 ADHD 的相关特征（内化性、外化性症状和运动失调等）共 40 项，分为 9 个分量表。按 0～3 四级评分，计分方法为计算各分量表项目的均值，得分小于 1 为正常范围。

6. 成人自我报告量表（ASRS-V1.1）　该量表是 Kessler 编制的用于成人 ADHD 的自评量表，是 WHO 国际诊断访谈的一部分。量表简洁、计分方法简单，适用于对成人 ADHD 的筛查。

量表仅有 6 个项目，按 0 ~ 4 五级评分，得分 0 ~ 9 被认为完全不可能有 ADHD，10 ~ 13 分为不可能有 ADHD，14 ~ 16 可能有 ADHD，17 ~ 24 为高度可能有 ADHD。用于筛查时，请被试在量表的灰色部分打钩，只要达到 4 个即为可疑 ADHD。

成人 ADHD 自评筛查量表 -V1.1（ASRS-V1.1）

请根据你最近 6 个月的情况，回答下面的问题，依照你认为你出现下列问题的频度在相应格内打钩。

请回答下面的问题，根据你最近 6 个月的情况，在你认为能最好描述你的情况的格内打钩。并将完成的问卷交给医师	从不	很少	有时	经常	总是
1. 当你把一项工作的最具挑战性的部分完成后，你是否经常不能圆满完成最后的细节部分					
2. 当要求你完成一件有条理性的任务时，你是否经常难于按部就班地做好					
3. 你是否经常忘记约会的时间或自己对一些事情的承诺					
4. 当你要完成一项需要动脑筋的任务时，你是否经常逃避或推迟开始的时间					
5. 当你不得不坐很长时间时，你是否常感到心烦意乱或手足无措					
6. 你是否经常感到自己过分活跃，非要做某些事不可，好像有个发动机在驱动似的					

把表格阴影部分所打的钩相加，如果有 4 项以上，说明你可能有成人多动症症状，去咨询一下心理医生或许对你有帮助

7. 儿童自我意识量表 该量表是美国心理学家 Piers 及 Harris 编制的儿童自评量表，主要用于评价儿童的自我意识。量表共 80 项，按照是、否记分，有些项目为反向记分，在计算时要转换。分为六个分量表（即行为、智力与学校情况、躯体外貌与属性、焦虑、合群、幸福与满足），并计算总分。得分高者表明自我评价高，即无此类问题，如："行为"得分高，表明该儿童行为适当，"焦虑"得分高，表明该儿童不焦虑，总分得分高表明该

儿童自我意识水平较高。多动症儿童由于其行为问题，常受到来自家庭、学校的负面评价，而逐渐出现自我意识水平降低，认为自己行为不端、学习成绩差、不合群，感到自己不幸福等，提示患儿已经出现自尊心受挫，需要积极干预。

8. 儿童焦虑性情绪障碍筛查表 该量表是 Birmaher 于 1999 编制的儿童青少年自评量表，共 41 项，按 0、1、2 三级评分。分为五个分量表：躯体化 / 惊恐、广泛性焦虑、分离性焦虑、社交恐怖、学校恐怖，得分高表示存在某方面的焦虑；可用于评估 ADHD 共患焦虑症。

9. 儿童抑郁障碍自评量表 由 Birleson 编制，适用于 8 ~ 13 岁儿童自评，量表共有 18 个项目，按 0、1、2 三级评分。量表为负性评分，得分高表示存在抑郁；其中有 10 项为反向记分，在计算时要转换。再将各项目分相加即为量表总分。得分高表示存在抑郁，可用于评估 ADHD 共患抑郁症。

10. 家庭环境量表 该量表是 Moss 编制的用于评定家庭环境特征的量表，共 90 个项目，由父母根据自己的家庭情况按"是""否"回答。量表评估家庭的 10 种特征：亲密度、情感表达、矛盾性、独立性、成功性、知识性、娱乐性、道德宗教观、组织性和控制性。多动症儿童的家庭常常是亲密度、情感表达得分低，而矛盾性得分高。评估家庭功能，可以发现家庭中的不利因素，指导父母改变家庭环境，使儿童的行为得到改善。

（二）心理测验

1. 智力测验

（1）韦氏智力量表：是由 Wechsler 编制的智力测验，我国龚耀先主持修订了中国修订韦氏儿童智力量表（C-WISC，1993），适用于 6 岁半至 16 岁 11 个月的儿童。量表包括十一个测验：知识、领悟、算术、分类、数字广度、词汇、编码、填图、木块图、图片排列和图形拼凑，前 6 个分测验构成言语量表，后 5 个分测验构成操作量表，提供了总智商、言语智商和操作智商。智商 90 ~ 110 是正常范围，<70 为智力低下。多动症孩子虽然智力在正常范围，但常常出现言语智商与操作智商分离，多数研究发现多动症儿童的言语智商低于操作智商。在韦氏智力量表的因素分析中提取了一个因子，由算术、数字广度、编码组成注意 / 记忆因子，多动症儿童在这个因子上的得分显著低于其他因子，对多动症的诊断有一定参考价值。

（2）中国修订韦氏幼儿智力量表（C-WYCSI，1986）：适用于 4 ~ 6 岁半儿童。该量表的结构与中国修订韦氏儿童智力量表（C-WISC）相同，也包括 2 个分量表和 11 个分测验。但分量表根据幼儿特点做了一些增减。同样得到言语智商、操作智商和总智商。

2. 神经心理测验

大脑分为不同的脑区，每个脑区负责不同的功能，心理学家设计了许多神经心理测验，研究脑与行为的关系。针对多动症的常用神经心理测验如下：

（1）注意测验

①划销测验：该测验有各种不同的类型，如数字、字母、符号的划销。要求受试者按照规定正确而快速地划去字母或数字等，记录完成时间、错误数和遗漏数。该测验主要评估选择注意、抑制反应和视觉扫描等功能。

②持续性操作测验：该测验将一系列的刺激或成对的刺激随机快速呈现，要求儿童对指定目标反应。根据感觉通道的不同，分为视觉持续性操作测验和听觉持续性操作测验，测验结果用漏报错误数和虚报错误数来表示，漏报数反映持续性注意，虚报数反映持续注意和冲动控制。多动症儿童的漏报、虚报数均明显高于对照组儿童。

（2）威斯康星卡片分类测验：测验包括 4 张模板和 128 张卡片，要求受试者根据颜色、形状和数量 3 个不同的维度对卡片进行分类。操作时受试者不知道分类的原则，只知道每个选择的正误。当受试者连续 10 次分类正确就改变分类原则，以此类推。评定指标包括总正确数、总错误数、持续错误数、非持续错误数、完成分类数等。临床上主要用于检测心理灵活性和大脑功能障碍，是评估执行功能常用的工具。多动症儿童常表现为持续性错误数增高，说明儿童不能很好地去应用反馈信息调整自己的任务决策，同时对错误策略的修正也存在困难，说明其认知灵活性下降。

（3）前进 / 停止（go/no-go）任务：是先进行反应，然后进行反应抑制的一种心理测验，有很多版本，例如给出两种信号，一组为看见敌机就按键（前进任务），一组是看见敌机，如果后面有导弹就不能按键（停止任务）。多动症儿童在进行停止任务时，错误增高，说明他们在控制行为方面存在缺陷。

（4）Stroop 色字干扰测验：该测验包括 3 张卡片：A 卡：黑体字红、绿、蓝、黄；B 卡：红、绿、蓝、黄 4 种颜色的点；C 卡：用绿、蓝、黄、红 4 种颜色书写的红、绿、蓝、黄 4 种字，字的颜色和字义不一致。要求受试者先读 A 卡上的字，然后读 B 卡上点的颜色，再读 C 卡上的字，最后读 C 卡上字的颜色。记录其在读 C 卡上字的颜色时的错误次数和反应时间。该测验测查儿童选择性抑制和冲动控制能力。

（三）如何看待量表、测验的结果

（1）使用量表的好处：①得到完整全面的资料：使用量表和测验可以收集到儿童的各种表现和能力水平，较全面地了解儿童的情况，不容易遗漏症状；由与儿童接触较多的人填写，资料比医师在短时期内所观察的症状更全面；②方便省时：量表由父母或老师根据儿童的表现填写，完成量表费时不多，尤其方便不能前来介绍情况的人员填写；③辅助诊断、评定疗效：根据得分高低，判断症状的程度，可以为医师提供数量指标，用于辅助诊断。通过治疗前后的比较，评定疗效，给临床工作带来了很多便利。

（2）量表的局限性：对每一症状条目，填表者不仅仅是记录者，还必须有自己的判断，由于与儿童的关系、记录者自己的文化程度、情绪、智力等因素，使之对条目的理解可能比较片面，不够客观。因而对同一儿童，可能父母之间、父母与教师之间得出不一致的结论。因此不能仅根据量表的结果下结论，要对不一致的结果进行综合分析，以下意见可供参考：

①父母评定量表：父母提供的资料较全面，特别是一些仅在家中表现出来的症状，如头痛、恶心等躯体化症状、进食问题、大小便问题。但因为父母文化背景不同，对儿童的问题看法不同，加之缺乏与其他儿童的比较，父母对儿童的评估常有失偏颇。对孩子过分关注的父母，对孩子的行为耐受性低的父母，会把轻微的调皮看成严重的问题，给一个正常孩子打出很高的分；也有的父母长期和孩子生活在一起，对孩子的不良行为习以为常；或对孩子观察不仔细，看不到孩子的问题，甚至拒绝承认孩子有问题，结果一个有明显问题的孩子，得分却相当低。

②教师评定量表：教师面向的是一个群体，在儿童之间有比较，因此评价儿童行为较客观，尤其是对多动、攻击等外化性问题。但教师对儿童的情绪问题、躯体化问题则不如父母观察仔细。所以当父母之间意见不一致时，建议参考教师的意见。但不同教师对学生的观察也不一致，例如年轻的、对孩子的心理发展缺乏了解的教师，可能给儿童打分偏高；不负责的、主观的教师，又可能给儿童打分偏低。

③儿童自评量表：随着年龄的增长，儿童有些心理活动不愿意告诉家长，因此一些细微的心理变化难以被父母、教师掌握。对于较大的儿童，自我评定量表成为主要的资料来源，特别是焦虑、抑郁等情绪问题。但儿童青少年对自己行为的判断往往不够准确，往往把自己的症状评得比较轻。

（3）综合考虑量表、测验的结果：量表、测验得到的资料仅仅是儿童症状的一个断面，不能从纵的方向说明症状的起源、发展及背景差别；且受固定条目限制，可能漏掉重要的少见症状；采用固定的评分方式，方法机械，不能辨别最突出的症状，不能突出每个儿童的个别特点；进行测验时，受儿童的状态（疲劳、饥饿、不高兴、不合作）等因素影响，有时不准确，并不能完全反映儿童的情况。因此，不能单纯根据量表结果进行诊断。只有将量表与临床观察相结合，才能得出确切的诊断。

第三节　作出诊断

一、诊断标准

为使临床医师有章可循，提高诊断的可靠性和一致性，精神病学家制订了一些疾病的诊断标准。目前国际上有两大类诊断标准为很多国家采用，即：世界卫生组织编撰的《国际疾病分类》第 10 版和美国精神病学会《精神障碍诊断和统计手册》第 5 版（DSM-5）。我国精神病学界也制订了适合中国国情的《中国精神障碍分类方案与诊断标准》第 3 版。其中应用最广泛的是 DSM 系统的注意缺陷多动障碍诊断标准。诊断标准是供经过严格训练的临床专业人员使用的。列在这里，仅供父母参考。

DSM-5 中 ADHD 的诊断标准

注意缺陷 / 多动障碍

A. 一种持续的注意缺陷和（或）多动 - 冲动的模式，干扰了正常的功能或发育，以下列 1 和（或）2 为特征：

1. 注意障碍：下列症状存在 6 项（或更多），持续至少 6 个月，达到与发育水平不相称的程度，并明显影响了社会、学业 /

职业活动。

注：这些症状不是因为对立行为、违抗、敌意的表现，也不是因为不理解任务或指令所引起的。年龄较大的青少年和成人（17岁及以上）至少需要符合下列症状中的5项。

a. 在完成作业、工作中或从事其他活动时，常粗心大意、马虎、不注意细节（如：经常忽略或遗漏细节，工作常出错）；

b. 在完成任务或游戏活动的时候经常很难保持注意力集中（如：很难保持注意力于听课、谈话或阅读冗长的文章）；

c. 当直接对他讲话时，常像没听见一样（例如，思想好像在别处，尽管并没有任何明显干扰他的东西存在）；

d. 很难按照指令与要求行事，导致不能完成家庭作业、家务或其他工作任务（如：开始启动某个任务后很快离开主题，转而去做另一件事）；

e. 经常难于组织好分配给他的任务或活动（例如，很难处理和保持有序的工作，难以有秩序地收拾好资料和属于他的物品；工作凌乱、没有条理；时间管理能力差；不能在截止日期前完成任务）；

f. 经常回避、不喜欢、不愿意或做那些需要持续用脑的事情（例如：课堂或家庭作业；年长儿或成人不愿撰写报告，绘制表格或阅读冗长乏味的文章）；

g. 经常丢失一些学习、活动中所需的东西（如：学习资料、铅笔、书本、工具、钱包、钥匙、文件、眼镜和手机等）；

h. 经常容易因无关刺激而分心（年长儿或成人可能是因无关的想法）；

i. 在日常活动中经常忘事（如：处理琐事或办事时，年长儿或成人则为忘记回电话、付账单和赴约会）。

2. 多动与冲动：下列症状存在6项（或更多），持续至少6个月，达到与发育水平不相称的程度，并明显影响了社会、学业/职业活动。

注：这些症状不是因为对立行为、违抗、敌意的表现，也不是因为不理解任务或指令所引起的。年龄较大的青少年和成人（17岁及以上）至少需要符合下列症状中的5项。

a. 经常坐不住，手脚动个不停或在座位上扭来扭去；

b. 在教室或其他需要坐在位子上的时候，经常离开座位（例如，在教室、办公室或其他工作场所，或其他需要留在位子上的地方）；

c. 经常在一些不该动的场合跑来跑去或爬上爬下（注：年长儿或成人可能仅限于主观感觉坐立不安）；

d. 经常无法安静地玩耍或从事娱乐活动；

e. 经常忙忙碌碌，好像"被发动机驱动着"一样（例如：在饭店就餐或开会需耗时较长时，不能坚持或感到不舒服。可能被其他人理解为烦躁不安，难以相处）；

f. 经常话多，说起来没完；

g. 经常在问题没说完时抢先回答（例如，在交谈中抢话头，不能等待按顺序发言）；

h. 经常难以按顺序等着轮到他/她上场（例如，排队等待）；

i. 经常打断别人或强使别人接受他（例如：打断对话、游戏或其他活动，不问或未经别人允许，就开始使用他人物品；年长儿或成人可能硬挤进或接管他人正做的事情）。

B. 若干注意障碍或多动-冲动的症状在12岁之前就已存在。

C. 若干注意障碍或多动-冲动的症状存在于2个或更多的场合（例如，在家里、学校和工作时，与朋友或亲属相处时，在其他活动时）。

D. 有明确的证据显示症状干扰或降低了患者社交、学业和职业功能的质量。

E. 这些症状不是出现在精神分裂症或其他精神障碍的病程中，也不能用其他精神障碍来更好地解释（例如，心境障碍、焦虑障碍、分离障碍、人格障碍、物质中毒或戒断）。

标注临床类型

混合性表现：在过去的 6 个月内，同时符合诊断标准 A1（注意障碍）和诊断标准 A2（多动 - 冲动）。

这一型患者活动水平、冲动、注意力、学业及认知功能损害最严重，代表了最常见的 ADHD 类型，合并对立违抗障碍（ODD）、品行障碍（CD）、焦虑抑郁障碍均高，社会功能损害重，预后差。

主要表现为注意缺陷：在过去的 6 个月内，符合诊断标准 A1（注意障碍）但不符合诊断标准 A2（多动 - 冲动）。

这一型患者以注意障碍不伴多动为主，主要表现为懒散、困惑、迷惘、动力不足，伴较多焦虑、抑郁，有较多的学习问题，而较少伴品行问题。研究发现设置该型更适合女孩、青少年和成人的诊断。

主要表现为多动 / 冲动：在过去的 6 个月内，符合诊断标准 A2（多动 - 冲动），但不符合诊断标准 A1（注意障碍）。

该型常见于学龄前和小学低年级儿童，以活动过度为主要表现，一般无学业问题，合并品行障碍和对立违抗性障碍较多。临床上符合这一类型者较少。

标注是否部分缓解

先前符合全部诊断标准，但在过去的 6 个月内不符合全部诊断标准，但症状仍然导致社会、学业或职业功能的损害。

适用于青少年或成人，由于年龄增长及认知水平增高，达不到症状条目，但仍有社会功能受损，需要继续治疗。

标注目前的严重程度

轻度：存在非常少的超出诊断所需的症状，且症状导致社会或职业功能的轻微受损。

中度：症状或功能损害介于"轻度"和"重度"之间。

重度：存在非常多的超出诊断所需的症状，或存在若干特别严重的症状，或症状导致明显的社会或职业功能损害。

二、诊断标准的意义

下面以 DSM-5 ADHD 诊断标准为例介绍各项目的意义。

A. 症状学标准：一个疾病，常表现为一个或几个症状群，DSM 工作组按照临床测试症状的出现率，列出一些项目，要求达到一定的数量，才符合此症状的诊断标准。ADHD 症状分为两个症状群：①注意缺陷症状在 9 条症状中符合 6 条以上，即可诊断为注意缺陷为主型；②多动 / 冲动症状在 9 条症状中符合 6 条以上，即可诊断为多动 / 冲动为主型；③如果两个症状群都符合 6 条以上，则诊断为混合型。也就是说只有注意缺陷症状或只有多动 / 冲动症状也可以诊断多动症。临床观察三个亚型各有其特点：注意障碍为主型的儿童学业功能损害更明显，合并焦虑、抑郁障碍多；多动 / 冲动为主型一般无学业问题，但合并品行障碍和对立违抗障碍较多；混合型是临床最常见的类型，症状及社会功能损害重，预后差。DSM-5 在症状举例中增加了用于成人的内容；降低了 17 岁以上青少年和成人 ADHD 诊断界值（从 6 条减为 5 条）。

B. 病程标准：DSM-5 将起病年龄定为 12 岁前，事实上，儿童的症状常在 3 岁时就明显表现出来，但有些儿童在学龄早期社会功能损害不严重，没有就诊。当他们进入中学，由于功课门数的增多、学习难度的增加而出现困难。将起病年龄从"起病于 7 岁前"改为"症状出现在 12 岁前"是为了使这部分青少年得到帮助。

C. DSM-5 要求行为问题出现在两个或更多的场合（例如，在家里、学校或工作时，与朋友和亲属相处时），这是为了避免单纯根据父母或老师认为孩子有问题就作出诊断，强调症状存在的广泛性。

D. 严重程度标准：正常儿童活动量的差异很大，有的儿童，特别是男孩活动较多，由于父母性格的差异，对于喧闹的耐受性各异，因此很难有一个客观的确定儿童多动的尺度；儿童的注意力是随年龄增长而发展的，评价儿童注意力是否有障碍必须考虑发育成熟因素，不那么容易把握。严重程度标准可以作为区别正常儿童与儿童多动症的指标，只有当行为明显超出正常，严重干扰了儿童的社会功能才能诊断。社会功能是指一个人生活、学习、工作的能力，特别是与人交往的能力。儿童多动症由于注意缺陷，常不能获得所学的知识，学习成绩差；由于多动，常不能遵守学校纪律；由于冲动，常和小伙伴发生冲突，使老师感到很难管理。对一个家长主诉有多动、冲动、注意障碍的孩子，只有达到了上述社会功能受损的程度，才能诊断为ADHD。

　　E.排除标准：注意障碍、多动、冲动这些症状就像发热一样，都是非特异性症状，也就是说不仅仅在儿童多动症出现，还可以见于精神分裂症、焦虑障碍、心境障碍、分离障碍等多种疾病，所以只有把这些病都排除，才能诊断为多动症。一个重大的改变是，在DSM-IV中需要排除孤独症，DSM-5取消了这个排除标准，是因为孤独症谱系障碍共患ADHD很常见，其注意力和多动问题需要予以干预。

　　总之，DSM-5中ADHD的诊断标准基本沿袭了DSM-IV的内容，主要改变在于更加注重对青少年和成人的诊断，将起病年龄改为12岁前，诊断条目中增加了许多针对17岁以上人群的例子，降低了诊断条目数，部分缓解者仍可以诊断。增加了严重程度标准，以便临床医师针对不同程度给予相应的治疗和干预。

三、诊断标准的不足

　　诊断标准在诊断中确实起了很大作用，它使各国医师在诊断时有了共同的可遵循的标准。但这些条目仅仅提示医师该孩子符合多动症标准，是不是多动症要综合各方面信息来判断，父母和医生都不要把这些条目当作金标准。在临床应用中，这个标准尚存在一些问题，例如：① DSM-5诊断标准虽然设置17岁以上及成人满足5条即可诊断，但对幼儿及12岁以上青少年却没有更详尽的划分，结果是年幼儿童符合诊断标准的过多（误诊），而青少年符合诊断标准的过少（漏诊）。② DSM-5诊断标准没有考虑性别问题，我们知道女孩表现出的症状没有男孩那么明显，所以要对女孩作出多动症的诊断，就必须有更多、更严重的行为问题。单纯根据条目数，会使许多有ADHD的女孩无法得到帮助。③ DSM-5诊断标准并没有给出一个孩子的行为要偏离到什么程度才能算是"与发育水平不相称"的客观标准，这使边缘或轻型病例的诊断有困难。

四、综合性诊断

　　我们都有经验，儿科医生诊断疾病，通过了解病史、体格检查（例如听心肺、触摸肝脾），再加上照X光片、化验血等，得出的诊断看得见，摸得着，医生和父母都信服。但诊断儿童精神障碍远未达到精确而科学的程度，缺乏完全客观的评估手段、依赖于观察和父母、老师的意见，这使得诊断具有不确定性。尽管对多动症进行了大量研究，但本症仍然是较难于诊断的心理障碍之一，因此，专家们提出综合诊断的原则。

综合诊断包括以下内容：参考所有了解孩子的人（如父亲、母亲、爷爷奶奶、老师、同伴）的看法；对儿童进行观察、交谈，全面了解儿童的精神状况，排除其他精神障碍；检查一般身体状况，排除其他躯体疾病；使用父母、教师、自评量表，从不同方面获取信息；进行智力和学习能力评估及心理测验；加上必要的实验室检查等。在诊断时，必须综合所有上述信息，全面考虑和分析，才能获得较确切的诊断。

在确定诊断后，医生会给出治疗性建议，然后父母应该和医生一起讨论哪些同意，哪些无法接受，哪些需要进行补充。作为具有科学精神的父母，要权衡那些与自己对孩子的观察不一致的信息，提出质疑，问一问还不清楚的和关心的其他问题，考虑医师的结论和建议是否可行。如果对该诊断疑问很多，还可以去咨询其他医师的意见。

第四节　如何面对多动症的诊断

当得知孩子诊断为多动症，下一步该怎么办？

一般来说，面对一个慢性病的诊断，无论是躯体疾病还是心理障碍，父母们常常经历从否认到接受这样一个过程。

1. 否认　一些父母开始时可能否认该诊断，认为孩子不可能会如此糟糕，他们找出一些理由来解释儿童的表现，用周围人的例子安慰自己，或者觉得医生耸人听闻。这种反应可能源于父母并不觉得孩子有多么大的问题，对多动症的危害性缺乏了解。如果不承认该诊断，最好的方法是再去找一个通晓多动症的专家，或查阅书籍、文献以消除怀疑。

2. 抱怨　对一些父母来说，孩子被诊断为多动症会激起愤怒，他们会抱怨怀孕或分娩时给自己造成不利因素的人，抱怨常规体检时承诺孩子发育正常的人，抱怨曾经带养过孩子的人（例如爷爷奶奶）以及老师，如果有家族史，甚至抱怨家族给孩子带来了不幸，认为他们要为孩子的行为负责。建议这些父母要冷静下来，面对现实，克服这些负面情绪，积极寻求解决问题的办法。

3. 悲伤　得知孩子患有多动症，出现轻度的悲伤反应是自然的，几乎所有的父母面临孩子患某些疾病时，都会感到悲伤、忧虑，担心孩子未来可能面临的困难，担心必须改变家庭秩序以适应多动症孩子。对大多数父母来说，悲伤会随着他们重新看待孩子的问题，积极面对这些困难而逐渐消失。然而也有些家长不能很好地解决这些问题，以致悲伤反应持续存在，甚至出现焦虑、抑郁，这对于自己的身心健康和孩子的康复都是不利的，建议适当做些心理咨询和调适。

4. 接受　面对多动症诊断，最佳的结果是接受——接受孩子患病的事实，接受意味着必须理解孩子的症状，与之共处；孩子的不良行为不是故意的，需要我们帮助他去应对未来学习、生活中所面临的困难，求得老师和学校的理解并给予孩子更多的关爱。接受孩子的多动症必须做到把自己解放出来，去扮演一个帮助孩子进步的角色。要比其他父母更加积极主动地去培养孩子的自尊，创造性地发现孩子的闪光点，寻找孩子的长处并发扬光大，为孩子设计他的未来。

接受会导致对知识的渴求，在承认现实后，要学习掌握更多的知识去帮助孩子，可以参加一些咨询课程或儿童管理训练项目，通过书籍、电视、网络了解更多照顾和养育这些孩子的方法。通过自我教育，你会明白孩子正在同一种发育性障碍作斗争，父母承担着帮助孩子跨越这种障碍的艰巨任务。在知识的武装下去帮助自己的孩子，这是其他任何人都帮不了的。

特别提示

　　当怀疑自己的孩子患有多动症，父母们忐忑不安地到医院看病，其实是希望医生予以否定。经过详细的了解病史、通过医生的检查、观察，心理测验和诊断，医生确定你的孩子患有多动症。在经过认真地考虑之后，你决心和孩子一起，与多动症作斗争。下一步，就要考虑为孩子选择治疗了。对于多动症的治疗，有些病例单独使用行为治疗或药物治疗就足够了，但对大多数儿童来说，需要制订一个多种干预措施相结合的综合性治疗方案。

第五章

药物治疗

早在 1937 年，布雷德利首先采用苯丙胺治疗儿童行为障碍，发现中枢兴奋剂能减轻不安静、提高注意和动机，开儿童行为问题药物治疗之先河。现代研究进一步证实药物在改善多动症儿童的注意缺陷，降低活动水平和冲动、提高学习成绩、改善人际关系方面肯定的疗效。当然药物治疗不是对每个人都有效，也不是百分之百能解决所有问题。在为孩子选择药物治疗之前，父母应该了解药物治疗的知识。

第一节 有关药物治疗的一些疑问

1. 多动症孩子的行为是道德品质问题吗 很多人包括一些社会学家都错误地认为多动症完全是社会因素造成的，比如父母对孩子缺乏教育方法和关爱，孩子的不遵守规则、任性是家长娇惯、放纵的结果等，他们从道德层面来评价儿童的不良行为，结论是：这些孩子习惯不良、道德品质有问题。改变的方法是严加管教，其结果自然是收效甚微。

现在通过各种研究，我们已经知道，多动症是大脑皮层管理儿童行为的区域存在功能缺陷。孩子的行为不是故意捣乱，而是自我控制能力不足的表现，从心理层面来认识这些问题，才能更好地理解从多动症发展到反社会性人格这种社会现象的根源，找到解决问题的办法。这正像汽车发动机，如果缺了汽油就无法正常工作，药物的作用就是给汽车加油。医生和心理学家通过多年的探索，已经找到了改变儿童这种不良行为的办法，通过药物治疗，控制原始的冲动，在此基础上，行为治疗、认知行为治疗的跟进，可以逐步变"药控"到"自控"，使多动症孩子和正常孩子一样健康成长。

2. 药物治标不治本吗 很多父母观察到药物治疗确实对管理孩子的行为有效，有的还有立竿见影的效果。可是一旦停药，各种症状就复燃，所以有些父母认为药物仅仅是使儿童镇静，就像服用安眠药，仅仅是控制症状而不治"本"。

这里需要介绍一下药物的药理作用机制。在多动症的病因学方面，我们已经知道多动症患者大脑的神经突触间隙缺少多巴胺和去甲肾上腺素，神经传导通路发生障碍，大脑皮层的工作效能减弱，从而出现注意力不集中、多动、冲动等症状。药物主要通过提高突触间隙神经递质浓度，从而使神经冲动在神经细胞间正常传递。这与糖尿病患者使用胰岛素、高血压患者服用降压药的道理是相同的。糖尿病是由于身体内缺乏胰岛素，不能分解、利用体内的糖，需要补充胰岛素使人体糖代谢保持正常。对多动症的大量研究证明药物能够增加大脑活动水平及觉醒能力，维持工作效能、保持注意力并抑制不必要的冲动，使儿童的行为符合社会规范，培养良好的行为方式，打下良好的学习基础，避免自尊心受损。从这个意义上来说，良好的行为方式就是儿童心理健康的"根本"。

2011年弗儒德总结了11篇ADHD患者脑结构磁共振研究的论文，发现接受药物治疗的患者的大脑基底节、前扣带回、杏仁核等区域的异常改变比不服药者少，因此他认为药物治疗对于大脑的发育有长期的保护作用。另一位研究者斯潘瑟（2013）总结了29篇文献，发现ADHD患者接受口服兴奋剂治疗后，其大脑结构和功能的变化比未治疗患者要轻。托莫西汀和兴奋剂在大脑作用的区域有70%～80%是重叠的，推测托莫西汀可能对于大脑发育也存在类似的保护作用。这些药物 - 大脑平行的效应，可以作为临床获益的证据。从这个意义上来说，药物治疗可以保护大脑的发育进程，也是治本。

3. 儿童多动症长大就好了吗　我们已经了解到，儿童多动症是一种神经发育障碍，主要表现在大脑前额叶控制行为的部位发育不良。虽然随着年龄的增长，外在的多动行为会减轻，看起来似乎好了，但是距离正常人仍然是有差距的，例如做事冲动、毛躁，缺乏计划性，人际关系不良等，给他们的未来生活、工作造成很多困难。为了让孩子能在早期和其他儿童一样顺利成长，通过药物来弥补他们在注意力和自我控制能力方面的缺陷是刻不容缓的。一旦孩子长大了，这些问题造成的后患无法弥补。因此儿童多动症长大就好了的看法是错误的，等待更不可取。

4. 什么情况下应该采用药物治疗　在美国每年有60万～100万ADHD儿童（1%～2%学龄人口）使用药物治疗。大多数年龄在5～12岁之间，现在更多的青少年和成人开始接受药物治疗。以下原则可以帮助父母决定是否采用药物治疗，但是医生对药物的应用是灵活多变的，并不完全拘泥于这些原则。

（1）儿童多大年龄：6岁以下儿童药物治疗效果较差，而且有更多副作用，通常不建议使用。对这些儿童应该以行为治疗作为主要的治疗手段，可以采用辅导父母、行为矫正等方法进行干预。但对于症状特别严重、难于管理的幼儿，例如在幼儿园打人咬人，幼儿园无法收留，或根本不听老师指挥，无法学习等，有时在征得父母知情同意后，可以采用药物治疗，但需要密切监测药物的副反应。

（2）用过其他治疗措施吗：国外对于初次就诊者一般首先选用非药物干预措施（例如辅导父母、行为治疗），如果无效，再考虑药物治疗。但我国目前儿童心理治疗师匮乏，心理治疗无法普及，一般是通过辅导父母，由父母进行行为治疗。如果父母无法从事行为治疗，例如在外打工等，也可以首先使用药物治疗。

（3）目前儿童行为问题有多严重：如果儿童的行为非常难于管理，已经给课堂纪律、学习成绩、人际关系带来了明显的影响，甚至被学校警告、停学，药物治疗是最快和最有效的治疗方法，可以先用药物治疗控制症状，再辅以行为治疗或其他训练。

（4）躯体情况如何：儿童身体发育不良，有器质性疾病，如心、肝、肾损害、癫痫等，首先不考虑药物治疗；如果必须药物治疗，要权衡利弊，综合考虑。

（5）家庭环境怎样：家庭不和睦、父母之间矛盾冲突多，不能参与儿童管理训练；父母的文化程度低，在处理儿童的问题上缺乏方法和手段，不能执行行为治疗措施；父母的性格急躁，本身存在心理问题，不能耐心管教孩子等，可以首先考虑药物治疗。待孩子行为改善后，父母压力减轻，情绪好转，再启动行为治疗，使家庭进入良性循环。

（6）治疗的依从性怎样：父母充分了解多动症的基本知识，了解药物治疗的方法、副反应及处理，愿意与医生、教师协同共同帮助孩子，是治疗的前提。如果父母有很多顾虑，不要勉强用药，因为他们不能全心地遵从医嘱。如果父母双方对服药意见不一致，也暂不考虑药物治疗。在一些病例，儿童否认自己有"精神病"，可能竭力抵抗用药，如拒绝服药或偷偷吐掉。对于这些年长儿童和青少年，要和他们讨论药物治疗的必要性，充分解释药物应用的原理，取得他们的主动依从。

5. 如何建立治疗联盟　一旦选择药物治疗，医师就要和家长、老师、孩子一起协同作战，建立一个治疗联盟。作为医生应该向家长和患儿介绍ADHD 的危害性，例如影响学习、行为、自尊、社交技能和家庭功能；向家长提供 ADHD 的发病原因、治疗方法、长期预后等方面的信息，鼓励坚持治疗。在家庭成员对这些问题有全面了解的基础上，与家长讨论治疗药物的选择和副作用。同时让家长了解教育体系在 ADHD 患儿的治疗和监控中所起的重要作用，取得教师的理解和配合。

6. ADHD 的治疗目标　过去，治疗 ADHD 只要症状减轻或消失（对药物有反应），老师不再投诉，家长就满足了。近年来，研究者发现，仅仅减轻症状，如果患儿的学习、人际关系等方面没有改善，并不能算治愈，而提出以"缓解"作为治疗目标。缓解不仅仅是 ADHD 症状消失，还需要社会功能的全面恢复。以缓解作为治疗目标，比症状减轻更为重要，缓解意味着患者在情感、行为、学业、社会功能上得到全面康复。如何评价缓解呢？研究者提出，使用评定量表，例如 SNAP-IV 18 项 ADHD 症状的得分平均分 ≤ 1 则认为达到缓解。从关注核心症状的改善，到关注改善功能、情绪以及生活满意度，对 ADHD 的康复提出了更高的目标。如何达到缓解？除了药物的足量、足疗程以外，还要通过心理和行为治疗，培养患儿主动自我控制、自我管理的能力。

7. 什么时候可以停用药物　这是家长们非常关心的问题。实际上停用治疗疗程没有固定的指导方针，什么时候停药，取决于儿童症状的缓解程度和社会适应情况。

有研究报道 20% 以上的儿童可以在治疗一年左右停止药物治疗。一些儿童的症状轻微，即使仍然存在一些多动症症状，但学习和人际关系不受影响；或有的儿童虽然仍有显著的多动症症状，但是在新的学期换了一位更有管理能力的老师，擅长在教室使用行为矫正技术帮助孩子，则可以停药观察一段时间。

如果经过一年以上的治疗，患儿症状消失，社会功能良好，已经看不出有 ADHD 症状。SNAP-IV 评定量表前 18 项平均分 ≤ 1，或每一项 ≤ 1，即不再符合 ADHD 诊断标准，即可认为达到临床缓解，这时可以试停药。一般停药选择寒暑假等压力小的时候。开学后如果在学校仍然有明显的症状，则应继续坚持药物治疗。

特别要注意的是初中一年级，由于中学教学方法改变（更需要自觉），功课难度增加，如果孩子没有足够的自我控制能力，建议服药帮助他们度过这关键的一年。

第二节 中枢兴奋剂

中枢兴奋剂是能提高中枢神经系统功能活动的一类药物，用于治疗多动症已经有 70 年历史，对 70%～90% 的多动症儿童有效，包括哌甲酯类、左旋苯丙胺、左旋和右旋苯丙胺复合物等。国内目前尚无苯丙胺类药物，本书仅介绍哌甲酯。

一、哌甲酯的作用机制

ADHD 的病理机制是患者突触前膜多巴胺（DA）、去甲肾上腺素（NE）转运蛋白活性增高，使 DA/NE 类神经递质再摄取增多，造成突触间隙 DA/NE 浓度降低，使神经冲动不能在神经细胞间正常传递，大脑皮层的控制作用减弱，从而出现注意力不集中、多动、冲动等症状。哌甲酯的作用机制是抑制突触前膜转运蛋白的活性，减少 DA/NE 的再摄取，提高突触间隙 DA/NE 的浓度，从而使神经冲动在神经细胞间正常传递，有效控制症状。研究报道哌甲酯的短期效果是增强神经递质传导的效能；长期效果是激活神经网络并促进神经发育。

二、哌甲酯的有效性

从 1965 年到 1995 年，国外进行了 350 项临床试验，治疗了 3000 多例儿童，证明哌甲酯治疗多动症有确切的疗效和安全性。近年来开发了一些哌甲酯的新剂型，国内引进了哌甲酯缓释片（商品名专注达）。一项研究对比缓释哌甲酯（专注达）、速释哌甲酯（利他林）与安慰剂的疗效，发现服用专注达、利他林后多动症儿童的量表评分均显著下降，其中家长对注意力和行为的评分显示专注达组显著优于利他林组。2015 年的一篇综述，总结了 185 项研究，发现服用专注达后教师评定的多动症行为有明显改善，家长则报告改善了儿童的生活质量。总体来说，使用一种或两种兴奋剂治疗多动症，有效率可以达到 96%。

1. 对核心症状的改善　双盲、安慰剂对照研究发现，在提高注意广度、减少活动过度和冲动方面，兴奋剂显著优于安慰剂。

2. 对儿童学习的影响　哌甲酯主要通过改善注意力、降低冲动性、改善学习策略来提高学习成绩。注意力集中，上课能专心听讲，就能够汲取更多课堂知识；注意力和警觉性提高、冲动性减少，使患儿能保持学习的持久性、完成作业的准确性和学习的计划性，从而提高学习效率，间接提高学习成绩。

3. 对情绪的影响　药物能够减少烦躁不安，父母观察到孩子服药后发脾气的次数减少，比过去听话。有的多动儿童服药后，自己能感觉到愤怒、敌意的情绪减轻；青少年能够描述其内心比较宁静，不再烦躁不安了。情绪冲动性的改善导致行为冲动性降低，儿童攻击、吵闹、违抗等行为显著减轻。

4. 对社交行为的影响　哌甲酯可以改善人际交往中的对抗性，使儿童遵守教室规则、服从老师指导，攻击性行为减少，与同伴能友好相处，从而得到同学的接纳。他们对父母、老师的指令的依从性提高，能够较长时间遵守承诺，和父母、老师、同学间的冲突减少，改善了社交功能。父母们发现孩子更好管理，减少了监管孩子所花费的精力，孩子和家庭成员之间产生协作性的相互作用，带来乐观和充满希望的家庭气氛。

三、药代动力学

短效哌甲酯半衰期 2～4 小时左右，口服后吸收快，服药后 1～2 小时即达峰值，一次服用药效可维持 4～5 小时。药物可以通过血脑屏障，在肝脏降解，主要从尿排出。24 小时尿内排出 60% 以上，3～4 天内排出 90%，尿液酸性时药物排泄加快，碱性尿时半衰期延长。

长效制剂哌甲酯缓释片（专注达）采用独特的渗透泵技术，产生一个上升型的血药浓度曲线，在服药 2 小时后迅速达到初期最大血药浓度，6～8小时后达到整个给药过程的最大血药浓度，可以持续 12 个小时改善症状。

四、剂量和用法

应根据儿童情况选择治疗方案，确定起始药物剂量，逐渐调整到最理想的剂量。服用哌甲酯的儿童需要定期观察疗效和监控副作用，开始时应该每周就诊一次，取得稳定疗效后，可以每隔 3 ~ 6 个月复诊一次。

1. 短效哌甲酯（利他林） 从 5 毫克（6 岁以下儿童 2.5 毫克）开始，每周增加 5 ~ 10 毫克，直到达到好的疗效。常用最适宜剂量为 0.3 ~ 0.7 毫克 /（公斤·天），最大剂量不超过每天 60 毫克，对于体重小于 21 公斤的儿童不能给该剂量。

因为药物排泄快，可以一天两次或一天三次用药，一般早上在 7：00 ~ 8：00 点间，中午在 12：30 ~ 14：00 点间，如果要保证儿童在晚上做家庭作业时集中注意力和家庭生活的和谐，可以在下午 4 点钟服第三次药，服药太晚会增加就寝时失眠的机会。在就餐时或者就餐后服药可以减轻胃肠道副反应。

2. 哌甲酯缓释片（专注达） 每天早饭后服药一次应整片吞服。最初剂量通常为 18 毫克 / 天，根据疗效和副反应逐渐滴定，有的需要 36 毫克 / 天或 54 毫克 / 天。

五、哌甲酯的不良反应

儿童在开始服用这些药物的时候，会出现一些副反应，但是大多数比较轻微。如果副反应较大，停用药物后在 24 小时之内会消失。大多数副反应与服药剂量、次数有明显的关系，高剂量产生更多副反应。只有 1% ~ 3% 的多动症儿童因不能耐受哌甲酯类药物而必须停药。常见副反应包括食欲减退、腹痛、头痛和睡眠问题等。

1. 消化道副反应 食欲减退是用药的常见障碍，使很多家长无法坚持。处理办法是早晚餐吃好，以弥补中餐摄入的不足，或睡前加餐。在一项为期两年的多中心、开放性专注达治疗研究中，观察 407 名 6 ~ 13 岁儿童的食欲，发现在最初 3 个月，食欲降低患儿的比例较高，以后逐渐减少，到第 12 个月时，只有不到 10% 的患儿进食量少于平时。部分患儿出现腹痛，与饭同服有助于减轻腹痛，大多数在服药 1 ~ 2 周后腹痛会逐渐消失。

2. 神经系统副反应 一些儿童在白天服用药物后，就寝时难以入睡。这种副反应常常发生在刚开始用药时，专注达由于持续时间达 12 小时，这一副反应更明显。处理办法：可以通过减少药物剂量或提早服药时间来解决；也可以睡前口服褪黑素，对睡眠有一定帮助。随着时间的推移，这种副作用会逐渐消失。

另外，有研究观察哌甲酯类药物对睡眠的影响，发现能改善儿童的睡眠质量，服药后患儿睡眠较深，在床上滚来滚去减少，次日容易叫醒，醒来后无疲倦感。可见哌甲酯对睡眠的影响并不完全是负面的。

头痛、嗜睡和疲倦较少见，常常发生在用药早期，随着药物应用时间延长而逐渐适应。

3. 情绪变化 有些孩子服药后情绪与以往有些不同，有的感觉"茫然"，有的变得温和，少数感到悲伤、爱哭，甚至出现典型的抑郁样症状。学龄前儿童可能出现情绪不稳和烦躁不安。这些副反应常发生在刚开始服用药物时，可能与兴奋剂的迅速达峰或个体敏感性有关，继续治疗大多数会消失。严重者可以适当减量，待情绪稳定后再逐渐增加到治疗剂量。

4. 心血管系统副反应 有的孩子服哌甲酯后心率加快，血压升高，这些变化一般比较轻微，不会有危险性，无需特殊处理。如果孩子感觉不适，也可以适当减量，一般在 1～2 周后逐渐消失。对于家族中有因心血管疾病早逝的患者，或本人有先天性心脏病、胸痛、心悸以及病因不明的晕厥发作史，在用药过程中应警惕，建议咨询心血管方面的专家。

5. 抽动 有 15% 儿童服用哌甲酯治疗后出现短暂性抽动，其中有一些以前曾经有过抽动症，由于哌甲酯的作用而加重，也有的是原来没有抽动症，服哌甲酯后出现。因此，哌甲酯的说明书曾经把抽动症作为禁忌证。但后来的研究观察到，多动症儿童无论用不用哌甲酯，都可能发生抽动，两组的比较差异不显著。有些多动症共患抽动的患儿使用兴奋剂治疗，在改善 ADHD 的同时并不出现抽动显著加重。因此现在哌甲酯的说明书已经不再把抽动作为禁忌。如果出现抽动，家长们不必担心，一般停药一周后抽动就会减轻。如果必须使用哌甲酯类药物，可以先使用治疗抽动的药物控制抽动，再加用哌甲酯治疗，并密切观察抽动症状。

在使用哌甲酯之前，医生应该询问是否儿童曾有抽动症或者家族中有抽动病史。如果有，可以首先选用可乐定或托莫西汀等药物。

6. 较少见的不良反应 哌甲酯可以产生一些少见的不良反应。例如，在高剂量时产生短暂的精神病症状（思维紊乱、语流加快、幻觉、极度焦虑、对声音过敏等），极少数病例在低剂量时也会发生。这与个体敏感性有关，应及时停药，对症处理，药物在体内经代谢消失后症状就会缓解。

六、需要澄清的一些问题

1. 兴奋剂类药物是否会成瘾　一听说兴奋剂，家长们可能会联想到摇头丸之类的物质，成人服用这些物质后会出现一种兴奋、心情愉快或过度轻松的感觉，但这种感觉在成人也不是很常见，需要很大剂量才出现，在儿童更是罕见。从美国警方抓获的药物依赖人群来看，非法使用利他林者的比率较低，且用药方法主要是通过静脉注射。也就是说常规治疗剂量口服不会造成药物滥用。长期服用哌甲酯会不会成瘾呢？到目前为止，美国食品和药品监督管理局还没有儿童使用治疗剂量的哌甲酯造成药物依赖的病案报道。

巴克利博士对一组服用哌甲酯治疗的青少年追踪了13年，结论认为无论应用哌甲酯时间长短，没发现他们成人期有物质依赖和滥用的证据。他总结50年的研究结果显示，中枢兴奋剂在正确使用的情况下不会成瘾。

另一个问题是儿童长大后是否会出现其他药物滥用？哈佛大学医学院的威廉斯博士对5项前瞻性和回顾性研究（共956名儿童）的荟萃分析表明，坚持服药的多动症青少年比不服药的多动症青少年出现物质滥用明显减少，也就是说，坚持服用兴奋剂可以防止多动症儿童长大出现物质滥用，具有保护作用。

2. 对生长发育的影响　因为多动症是一种慢性疾病，需要坚持几年或十几年的药物治疗，父母很自然地会担心药物对生长发育的影响。萨佛在20世纪70年代，首先报告服用兴奋剂会影响生长发育，后来也有一些研究支持这个观点，这种说法曾对美国政府的决策造成较大的影响，并写入利他林的说明书。然而其后的研究，使用更敏感的指标、更长期的追踪，并不支持上述看法。

斯潘瑟对178名6～13岁服用专注达治疗的儿童追踪观察生长发育指标21个月，使用标准期望值作为评价标准。到第21个月时这组儿童的平均身高为145.6厘米，比期望值低了0.23厘米。体重在前4个月略有下降，之后上升，到第21个月时，平均体重比期望值低了1.23公斤。这种差异不具有统计学上的意义。这个研究的结论是：长期治疗对儿童生长发育没有显著影响，仅仅在治疗早期会出现体重减轻。

另一项追踪研究发现在用药的第一年儿童体重减轻1～2英磅（约0.5～1公斤），减轻的体重会在治疗的第二年或以后的数年内恢复。

所以，家长们在用药过程中应该密切观察药物的不良反应，保证儿童营养的摄入，定期监测儿童的身高、体重，只要身高、体重增长速度不低于标准期望值，就不必担忧。对于兴奋剂影响增长者，谨慎的做法是考虑采取"药物假日"或换用其他药物治疗。

3. 是否假日要停药 20 世纪 70 年代关于兴奋剂可能妨碍儿童生长发育的观念，导致了"药物假日"的提出，即在周末和寒暑假停药。近年来，由于认识到 ADHD 是一种慢性的终身疾病，药物旨在管理儿童的行为而不仅仅是改善学习，而不主张假日停药。而且研究证实，药物治疗带来的生长发育问题比先前认为的要少得多，不必要所有服用哌甲酯的儿童都采用"药物假日"。当儿童适应一种药物在体内的浓度后，最初出现的副作用在几周后会减轻。如果药物在周末停止，星期一再开始服用，副作用可能重新出现，故不支持"药物假日"。也有研究提出，给药方案可以根据治疗目标、预后进行调整，如果只需要在学校时缓解症状，可采用每周 5 天的给药方案；如果儿童的多动症行为不仅影响学校活动也影响家庭生活和课外活动，则不宜采用"药物假日"，且在寒暑假期间也不要停用药物。研究发现许多儿童在整个暑假从药物中获得很多益处，例如参加体育运动、夏令营、军训、暑期补课或者其他活动都会完成得更好。

4. 其他疾病的用药问题

（1）癫痫儿童的用药问题：癫痫患儿中多动症的发生率约达 40%，严重影响患儿的学习、社会适应能力和远期预后，其治疗问题已经引起高度关注。医生们认为如果多动症严重影响学习，确须药物治疗，应在用抗癫痫病药控制癫痫的基础上，首先选用托莫西汀治疗，注意监控癫痫发作频率。

关于哌甲酯用于癫痫患儿，过去认为哌甲酯具有皮层兴奋作用，会降低惊厥阈值，有诱发癫痫的危险。当今很多研究显示，哌甲酯可以用于发作控制满意的癫痫伴多动症儿童，也不会增加仅有脑电图异常放电的患儿的癫痫发作危险。对于活动性癫痫，多数研究表明，加用哌甲酯治疗不会增加癫痫发作频率，但也有报告提示可能轻度增加发作频率。如果用药后发作频率增加，或者原来已经控制的癫痫又重新发作则应停用。

（2）精神发育迟滞：哌甲酯对轻度精神发育迟滞伴有多动的儿童可能有帮助，一般智商在 45 以上者有较好疗效，而那些低智商者疗效差。

（3）脑外伤、脑炎后多动：哌甲酯对脑外伤、脑炎后出现多动的患儿也有较好疗效。

第三节 盐酸托莫西汀

盐酸托莫西汀（商品名：择思达）是一种选择性去甲肾上腺素再摄取抑制剂，属于非中枢兴奋剂类药物。2002年美国食品与药品管理局（FDA）批准盐酸托莫西汀用于治疗6岁及6岁以上儿童、青少年及成人多动症，其后在98个国家，1000万ADHD患者中使用。2007年9月该药在中国上市。

一、盐酸托莫西汀的作用机制

托莫西汀是选择性去甲肾上腺素再摄取抑制剂，通过增加前额叶皮质去甲肾上腺素和多巴胺的浓度发挥治疗作用。该药选择性阻断突触前膜去甲上腺素转运蛋白，使去甲肾上腺素不能再摄取，突触间隙的去甲肾上腺素浓度增高，使去甲肾上腺素对突触后神经元的调控功能得以增强，进而控制多动症症状。

影像学研究发现托莫西汀通过增强大脑右侧额下回的活动改善抑制控制能力，血药浓度与右侧额下回的激活程度相关。

二、托莫西汀的有效性

1. 对核心症状的疗效　从托莫西汀上市至今，国内外已经发表了1000多篇论文，探讨该药的疗效和安全性。研究报道托莫西汀在缓解多动症症状方面明显优于安慰剂，并且显示出量效关系。多项临床试验证明托莫西汀可以显著改善儿童、青少年及成人多动症的核心症状，患者自我评价与同伴交往和家庭成员间关系也得到相应的改善，提高了患者的社会功能。7项儿童青少年ADHD患儿临床研究的荟萃分析结果显示：接受6周治疗后，托莫西汀有效改善多动冲动症状，和哌甲酯的有效率相当。Wilens对比青少年和儿童患者服用托莫西汀的疗效，发现青少年患者治疗后比儿童患者改善更明显，特别是在控制冒险行为和提高学业成就方面。

2. 对学习的影响　一项来自多国的研究探讨托莫西汀对学习的影响，

对象为 288 例 8～11 岁 ADHD 患儿，分别于治疗前和治疗 24 周后综合评定儿童的学习成绩，发现托莫西汀可以显著改善语文、数学等学科成绩和平均成绩。另一项研究则发现托莫西汀能显著改善阅读和写作能力，其视觉记忆、注意力、学校功能也获得显著改善。

3. 对生活质量的影响 一项随机、双盲、18～30 岁青年 ADHD 患者的对照研究，接受托莫西汀治疗组 220 例，对照组 225 例，治疗 12 周。采用成人生活质量量表（AAQOL-29）评估其生活质量，结果显示，与对照组相比，托莫西汀组生活动力、心理健康、关系品质以及人生观得分都有提高，结论认为托莫西汀可以显著改善生活质量。

4. 改善作业完成和睡眠情况 完成家庭作业对 ADHD 儿童是繁重的任务，他们常边做作业边玩，有的要做到晚上 11～12 点，有的孩子因为厌倦干脆不做作业。在家玩耍时也不能安静。到了要睡觉的时间，他们磨磨蹭蹭不愿意上床。一项多中心、随机、双盲、安慰剂对照研究共纳入 197 例诊断为 ADHD 的 6～12 岁患儿，予以托莫西汀每日一次治疗。父母测评晚间症状改善情况，发现患儿完成作业情况、安静玩耍和平静入睡几方面得到非常显著的改善。

5. 对共患病的疗效 2016 年发表的一篇综述汇集了 24 篇采用随机对照方法对 ADHD 共患病的研究。共 1348 例患者参加研究，发现托莫西汀对大多数儿童、青少年、成人的 ADHD 症状及共患病有效。对共患焦虑、对立违抗障碍效果好，对于共患物质滥用、孤独症谱系障碍、阅读障碍、抑郁症、双相障碍、抽动障碍的患者大多数有效。

6. 对其他疾病的疗效

（1）抽动症：托莫西汀选择性作用于大脑前额叶特定部位，不增加大脑内纹状体、伏隔核的多巴胺水平，因此无诱发抽动的危险，适合用于共患抽动障碍患者；也无药物依赖的风险。

（2）精神发育迟滞：一项 16 周的开放研究，纳入 48 例精神发育迟滞儿童，接受托莫西汀治疗后 ADHD 症状显著改善。

（3）癫痫：一项研究报告经 3 个月抗癫痫治疗后，给予托莫西汀口服一年，结果 30 例患者中 24 例的学业成绩得到改善。

三、药代动力学

托莫西汀口服给药后快速吸收，服药后 1 ~ 2 小时达到血药峰浓度，几乎完全吸收，治疗效应可以持续 24 小时。受食物影响小，可以空腹或和食物一起服用。该药主要在肝脏内经细胞色素 CYP2D6 酶代谢。>80% 的剂量从尿液中排泄，<17% 剂量从粪便中排泄，<3% 的剂量以原形排泄。

托莫西汀是逐渐起效的，这一点与中枢兴奋剂不同。虽然一些患者在使用药物两周后看到效果，但是一般在 10 ~ 12 周才达到最优的疗效。加拿大一项研究评估托莫西汀在 1 年间治疗的病情改善情况，对象为 338 例 6 ~ 11 岁的 ADHD 儿童。研究发现第 4 周有效率仅有 47%，那些改善不明显的患者继续治疗到 12 周，有效率为 76%，到 52 周时疗效达到 96%；由此提示随着治疗时间延长，患者可以得到更大程度的改善。

四、剂量和用法

托莫西汀的起始剂量为 0.5 毫克 /（千克·天），应用一周后逐渐加至目标剂量 1.2 毫克 /（千克·天），每日早晨单次服药或早晨和晚上两次服用。研究发现早晨给药疗效更好，晚上给药，耐受性更好。减缓加量速度可以提高患者的耐受性。最大剂量不应超过 1.4 毫克 /（千克·天）或 100 毫克 / 天，选其中较小的剂量。

五、托莫西汀的副反应

一般情况下托莫西汀的耐受性好，不良反应少见，且大部分不良反应均是短暂的。常见副反应如下。

1. 消化道反应　在儿童和青少年中最常见的副反应是胃肠道症状，包括腹痛、食欲下降、恶心、呕吐等，少数有便秘。一般情况下，这些不良反应常出现在刚开始服药或药物剂量调整阶段，可以通过减缓增加药物剂量来解决。

用药需警惕肝损害，应嘱咐患者若有瘙痒、黄疸、尿色加深、右上腹触痛或无法解释的流感样症状时应及时就诊，发现肝损害应停用托莫西汀，并禁止再次使用托莫西汀治疗。

2. **神经系统副反应** 常见失眠、嗜睡、头晕、疲劳等。这些不良反应通常出现在服药早期，可以通过减缓增加药物剂量来解决。上课嗜睡者可以把药物调整到晚上服用。

3. **情绪不稳、易激惹、兴奋** 常发生在用药早期，减量或加用心境稳定剂可以缓解。

4. **对心血管的影响** 在儿童中进行的一项安慰剂对照研究中，与服用安慰剂的对照组相比较，服用托莫西汀组心率平均每分钟增加6次，血压平均增加2毫米汞柱，对于绝大多数患者而言，这种变化无临床意义。但对于存在先天性或获得性QT间期延长症状，或有QT间期延长家族史的患者，使用托莫西汀应慎重。

国外学者的一项研究显示，仅有1.6%的患者因药物不良反应而退出研究。导致患者退出试验研究的主要不良反应有攻击行为、易激惹、嗜睡、呕吐。这些副反应通常是轻度、短暂的，一般与剂量调整的速度过快有关。

托莫西汀服药次数不同，不良反应发生频率也存在差异，每日单次给药比每日两次给药不良反应发生频率高。托莫西汀的弱代谢者较强代谢者更容易出现不良反应。起始剂量从小剂量开始，根据推荐的加药方法缓慢增加药物剂量，不良反应的发生率低，绝大部分患者无需中止治疗。

六、禁忌证

闭角型青光眼患者禁用该药。该药不可与单胺氧化酶抑制剂（MAOI）合用。

七、对生长发育的影响

为了考察托莫西汀对生长发育的长期影响，国外学者进行了一项追踪研究，定期观察ADHD受试者体重和身高的变化，并与标准值进行比较。研究结果发现，在最初9~12个月的治疗之后，患儿体重和身高的增长落后于标准人群期望值。当治疗第3年时，体重的增长开始回升，并恢复至正常水平。现在已经进行了为期5年的随访，这些儿童的生长发育状况与同龄人无差别。作者认为，在应用托莫西汀治疗时，短期内可能对身高和体重有一定的负面影响；但从长远看，托莫西汀不影响最终的身高和体重。不过在应用托莫西汀治疗的过程中应该定期对患者的生长发育进行监测。

第四节　其他治疗多动症的药物

对于用哌甲酯、托莫西汀治疗无效者或因副反应不能耐受的多动症儿童，可以考虑用其他药物治疗。

一、可乐定

可乐定是一种 α_2 受体激动剂，该药原来用于治疗高血压，通过兴奋中枢 α_2 肾上腺受体，促进去甲肾上腺素释放或通过刺激 γ- 氨络酸释放而起作用。自 20 世纪 80 年代开始，发现可乐定治疗抽动症有效，以后用于多动症共患抽动症者。近年来，较广泛地用于治疗多动症，有效率为 50% ~ 70%。

1. 可乐定的有效性　可乐定可以减少 ADHD 患儿的活动过度和冲动，增加他们对学习的合作性及对挫折的耐受性。该药对提高注意力不如哌甲酯有效，但是在减少攻击、好斗和冲动方面可能与哌甲酯疗效相当。

临床应用于 ADHD 患儿伴有下列情况者：①伴有抽动障碍；②伴有对立违抗障碍、品行障碍、攻击性行为；③伴有睡眠障碍或服用哌甲酯后出现睡眠障碍；④使用短效哌甲酯后下午、晚上症状反跳；⑤使用哌甲酯疗效不佳等。

2. 剂量和用法　口服给药，开始剂量 0.05 毫克睡前服，可以充分发挥其疗效而减少其镇静作用；逐渐加量，可加至每天 0.15 ~ 0.3 毫克，分 3 ~ 4 次服。目前国内尚无口服剂型。可乐定起效较慢，通常需用药 2 ~ 4 个月才能观察到药物的全部疗效。

可乐定透皮贴剂是一种贴在皮肤上的剂型，通过皮肤缓慢吸收。应该贴在干净清洁、毛发少、儿童不能轻易用手抓到的部位（通常在后背下部或者臂部后上部）。每片能维持效果 5 ~ 7 天。儿童戴着贴片能洗澡、淋浴，但是游泳或大汗之后要更换贴片。在开始调整剂量时，儿童应该每周到医生处随诊，一旦达到稳定的药物剂量，可以每 4 ~ 6 周随诊一次，应该监测血压、心率和心电图。

3. **副反应** 最常见的副反应为过度镇静、恶心、口干、嗜睡、眩晕、便秘，剂量较大时可出现头昏、共济失调、血压和心率降低，房室传导阻滞、QRS 波群增宽等，轻者几周后可以减轻。有心血管病史及晕厥史者禁用。

二、抗抑郁药

（一）三环类抗抑郁药

三环类抗抑郁药在美国曾作为治疗多动症的二线药物得到广泛应用，常用药物有丙咪嗪、阿咪替林等。该类药物阻断胺泵，使突触后受体部位去甲肾上腺素和 5- 羟色胺的浓度增高。由于其对心脏的副反应，近年来已少用。

1. **有效性** 对于集中注意力和控制冲动有轻至中度疗效；也可以改善烦躁不安及活动过度、易怒，减轻烦恼、焦虑。主要用于哌甲酯类治疗无效者，对多动症伴有抑郁或焦虑者有其优势。

2. **剂量和用法** 口服给药，儿童起始剂量 1 毫克 /（千克·天），逐渐加量，通常治疗剂量为 75 ~ 150 毫克 / 天，每天 1 ~ 2 次（早晨和晚上）。该药起效较慢，一般要服药 1 ~ 2 周才出现效果。

3. **副反应** ①心血管系统：可有心动过速、心律失常，心电图常见 T 波倒置或低平、Q-T 间期延长，ST 段降低。在应用过程中要注意检查心脏，定期复查心电图。心电图有异常及有心脏骤停家族史者不宜使用这类药物；②抗胆碱能副反应：常见口干、视物模糊、体位性低血压、头昏、嗜睡、心悸、呕吐、便秘等，有的儿童会出现排尿困难，一般通过调整药物剂量、对症处理可缓解；③癫痫发作：药物增加癫痫发作的危险，有癫痫或严重脑外伤者不宜使用。

（二）安非他酮

盐酸安非他酮是一种氨基酮类抗抑郁剂，对多巴胺和去甲肾上腺素神经传递有间接的混合激动作用。

1. **有效性** 一项多中心的对照研究和一项与哌甲酯对照研究发现该药治疗儿童 ADHD 有效。在一项对成年人 ADHD 的开放性研究中，按每日平均剂量 360 毫克，服用安非他酮 6 ~ 8 周，发现 ADHD 症状持续改善达 1 年之久。对抑郁和 ADHD 共病也有一定疗效。

2. **剂量和用法** 安非他酮能快速吸收，血浆水平通常两小时后达高峰，平均半衰期为 14 小时。剂量范围为 4 ~ 6 毫克 /（千克·天），每天给药两次。

3. 副反应 可出现烦躁易怒、厌食和失眠，少见的副作用有水肿、皮疹及夜尿。有报道安非他酮加重抽动障碍，有轻度的致药源性癫痫发作的风险。

（三）其他药物

几项小型的开放性研究提示，选择性 5- 羟色胺再摄取抑制剂氟西汀可以用于儿童 ADHD 治疗；混合性 5- 羟色胺 - 去甲肾上腺素能的非典型抗抑郁剂文拉法辛治疗儿童青少年 ADHD 有效。

第五节　共患病的治疗

一、共患对立违抗障碍、品行障碍的药物治疗

对立违抗障碍和品行障碍常常是多动症发展的结果。单纯对立违抗障碍和品行障碍目前缺乏确切有效的药物，合并多动症者仍以中枢兴奋剂为首选。

克雷恩采用随机、双盲、安慰剂对照研究，对 83 例 6 ~ 15 岁品行障碍儿童（69% 有多动症）用哌甲酯治疗 5 周，结果 IOWA 量表攻击性行为得分降低，明显优于安慰剂。

艾蒙对 5 ~ 12 岁多动症共患破坏性行为障碍 155 例采用单独兴奋剂和兴奋剂 + 利培酮治疗 6 周，结果发现兴奋剂 + 利培酮比单独使用兴奋剂效果更好。

在一个国际著名儿童精神病专家参加的研讨会上，就多动症共患对立违抗、品行障碍的治疗达成了共识：比较轻的对立违抗障碍可以单用哌甲酯治疗，明显的攻击、破坏和违反规则行为以及品行障碍可以合并非典型抗精神病药物利培酮。利培酮的副反应较少，儿童应用耐受性好，常见副反应是嗜睡、头痛和体重增加，催乳素水平早期升高，但一段时间后会下降，对认知无明显损害。非典型抗精神病药物奥氮平和喹硫平也可以选用。

二、共患焦虑障碍的药物治疗

多动症共患焦虑障碍时，首先治疗 ADHD 还是焦虑障碍？荷兰的瑟杰特教授提出了以下治疗指征：①患儿虽然有焦虑症状，但无明显的自主神经系统症状（如腹痛、恶心、胸闷、心慌、尿频等）；②虽然和父母分离时有情绪反应，但无明显缠着大人、拒绝上学等行为；③原来有长期多动症史，焦虑症状是最近发生；④就诊主诉为多动症症状，焦虑症状是和父母、儿童交谈时发现的；⑤以前从未用过治疗 ADHD 的药物，建议先治疗 ADHD。

如果患儿有明显的焦虑症状，如：①惊恐症状（心率加快、呼吸短促、大量出汗）；②和亲人分离时出现明显的情绪激越、拒绝上学；③焦虑症状出现在多动症状之前或同时出现，建议先使用抗焦虑、抑郁药物。常用药物有盐酸舍曲林、盐酸氟西汀、丁螺环酮、坦度罗酮等，可减轻焦虑，提高自尊。待焦虑症状缓解，再使用治疗 ADHD 药物改善 ADHD 症状。

美国、澳大利亚、英国、加拿大及我国的指南都推荐使用托莫西汀治疗共病焦虑障碍的 ADHD，认为托莫西汀是一个能够改善 ADHD 和焦虑两组症状的有效药物。一项为期 12 周的双盲、安慰剂对照研究，观察托莫西汀对 ADHD 共病焦虑障碍患者 ADHD 症状和焦虑症状的改善作用，分别使用托莫西汀和安慰剂治疗 10 周，发现托莫西汀组 ADHD 评定量表减分显著，儿童焦虑评定量表的减分也显著优于安慰剂组。美国多模式治疗研究发现多动症共病焦虑时采用心理治疗加药物治疗比单纯药物治疗效果好。提示多动症与焦虑共病代表了一个多动症的亚型，需要行为治疗和药物治疗的共同干预。

三、共患抑郁障碍的药物治疗

多动症共患抑郁障碍时，同样要根据症状轻重、出现先后决定使用治疗 ADHD 药物还是抗抑郁药物。

如果抑郁症状占临床主导地位，有厌食、体重减轻或严重失眠；有计划周密的自杀企图或强烈的自杀行为；过去 1 年里同时出现抑郁和多动症症状等，应首先使用 SSRI 类抗抑郁剂治疗，也可以选用既能治疗抑郁症又能治疗多动症的药物如安非他酮。如果符合以下情况：多动症状明显，占临床主导地位；抑郁症状没有引起厌食、体重减轻或严重失眠；虽然患儿有时说要自杀，但无自杀计划；多动症的病史比抑郁症状早 1 年以上等，可以先使用托莫西汀治疗或与抗抑郁药物同时应用，如果效果不明显，还可以换用兴奋剂。

四、共患抽动障碍的药物治疗

可乐定治疗抽动症的有效率为 22%～70%，该药可以减少抽动的发作频率，而且可以控制强迫、多动和攻击行为。

托莫西汀由于不增加纹状体多巴胺水平，无诱发抽动的危险，是治疗多动症共病抽动的最佳选择。

过去抽动症曾被列为哌甲酯的禁忌证，近年一些研究发现，ADHD 共病抽动患儿可以耐受兴奋剂治疗，并不一定出现抽动增多。有的专家主张，如果儿童的多动症状非常严重，必须用哌甲酯治疗，应该和家长说明治疗的必要性和可能的风险，取得家长同意后，在密切观察下，应用抗抽动药物的同时加用哌甲酯治疗。

第六节　药物治疗是综合治疗的一部分

数以百计的有关药物治疗多动症的研究显示，采用药物治疗，30%～45% 多动症儿童的行为问题会有显著的改善，但是并不能使行为问题完全正常化，药物治疗对多动症伴随而来的问题并不都是灵丹妙药。对于大多数病例，需要多种药物和心理治疗的联合应用。药物治疗最大的益处是控制症状，使心理治疗和教育训练得以实施，因此药物治疗仅仅是综合治疗方案的一部分，不是唯一的治疗方式。

1992 年美国国立精神卫生研究所和美国教育部特殊教育计划办公室共同主持了一项随机临床设计、多场所、多模式治疗多动症的研究（MTA）。有 6 所大学的儿童精神病学家、579 名 7～9 岁儿童参加研究，患儿随机分为 4 组：哌甲酯治疗组，行为治疗组，哌甲酯＋行为治疗组和社区治疗组。在治疗的 3 个月、9 个月、14 个月进行追踪。研究结果发现哌甲酯＋行为治疗组的疗效最好，单纯哌甲酯治疗组次之，单纯行为治疗组和社区治疗组疗效欠佳，尤其在远期追踪时。

随着对多动症的遗传学和特殊的基因对调控大脑神经递质作用研究的深入，在不久将来，会出现更多的新的、较少副作用的药物，为多动症儿童提供更多帮助。

特别提示

药物治疗的目的，是通过调节神经递质来改善大脑的功能。早期诊断，早期治疗，在孩子的心理还没有遭到扭曲之前，药物治疗可以为培养孩子良好行为搭起一个平台。不要等孩子已经出现严重社会功能损害和共患病时才考虑用药。另一方面，药物治疗不能解决所有的问题，孩子越大，受社会心理因素影响越大，单纯药物治疗就不那么有效了。其他原因带来的家庭冲突等也不是药物所能解决的。所以大多数情况下需要心理、教育及药物治疗相结合。

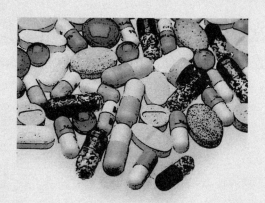

第六章

怎样照顾和
管理童年期
多动症孩子

父母们一提到孩子不听话，总是十分气恼，恨他们屡教不改，声称自己打孩子实出无奈。请想一想，假如孩子因为腹泻将大便弄到裤子上，做父母的一定不会责备他，而是替他换洗裤子，积极为他治疗。父母们能理解，这是由于大脑的排泄中枢无法控制剧烈的肠蠕动所致。多动症孩子行为问题的发生是同样的道理，是由于大脑控制行为的中枢对冲动的控制能力不足，您为什么不能理解并善待自己的孩子呢？

我们已经了解到，多动症的病因与大脑前额叶功能低下有关，前额叶是人类调控行为、保持注意和抑制反应的脑区，这些区域发育滞后，导致了儿童自我控制能力不足。认识到这一点，父母们才能理解孩子，才能有耐心和恒心坚持对孩子的帮助、教育和管理。

第一节　运用行为治疗管理多动症孩子

一、行为治疗的基本原理

在多动症孩子的管理中，行为治疗是一种有效的、基本的干预措施，是其他治疗方法的基础。行为理论认为，异常行为和正常行为一样，也是通过学习而获得并因强化而保持下来的，因此，可以通过另一种学习来消除或矫正这一异常行为。

根据强化与消退的原理，当一个好的行为出现时给予强化，如赞扬、奖励，可以增强该行为的发生频率（正性强化）。当一个不良行为出现则不予强化或有意忽略，从而使儿童的不良行为逐步减少（负性强化）。其实在我们的日常生活中，经常能遇到许多行为受到奖励和惩罚的例子。例如，您从同事处学会了一种菜的做法，星期天煞费苦心地做给孩子和先生吃，他们夸一句"真好吃"，于是这道菜就经常会出现您家的餐桌上，甚至成为您的拿手菜。如果先生皱着眉头匆匆把菜咽下去，孩子说"不好吃"。那么下次您一般不会再费这个劲了吧，家庭的菜谱上，可能永远是辣椒炒肉和白菜萝卜。

行为治疗的基本方法是奖赏、消退和惩罚，其原则是用奖赏培养良好行为；采用忽视法使一般不良行为消退；仅对严重的、危险的不良行为予以惩罚，促其改变。

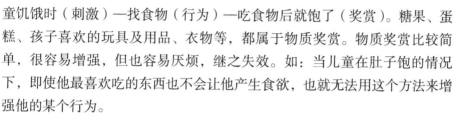

1. 奖赏　奖赏对所有儿童来说，是一种有力的激励方法，奖赏可以分为：

（1）物质奖赏：这类奖赏是与生俱来的，常与人类生存的基本活动有关。例如儿童饥饿时（刺激）—找食物（行为）—吃食物后就饱了（奖赏）。糖果、蛋糕、孩子喜欢的玩具及用品、衣物等，都属于物质奖赏。物质奖赏比较简单，很容易增强，但也容易厌烦，继之失效。如：当儿童在肚子饱的情况下，即使他最喜欢吃的东西也不会让他产生食欲，也就无法用这个方法来增强他的某个行为。

（2）社会奖赏：社会奖赏在儿童成长过程中十分重要，能促使儿童增加或保持某种行为，而且这类奖赏很容易实行。在现实生活中，父母对孩子微笑、点头、紧紧拥抱、拍拍头或肩膀、温柔地抚弄他的头发、用手臂环抱着孩子、一个吻、表示满意的手势、眨眨眼睛等都表示肯定；表示肯定的言语信号有："我喜欢你……""你真是个能干的孩子……""干得好！""好极了！""你真的长大了！""你的进步太快了！""哇……""全是一个人干的啊……接着来"等等。学校里的小红花、优异的分数、奖状也都属于社会奖赏。家长和老师应该教会儿童懂得和感受社会奖赏，逐步取代物质奖赏。

（3）活动奖赏：指儿童喜好的活动，如：打球、游戏、户外活动、郊游、看电视、上网等。

（4）代币法：代币为替代性的一种纸币，可以自己制作。这类物质本身毫无价值，但可用它换取其他的奖赏，如：代币可以换取糖果、饼干等食物；代币积累到一定数额后，可以换取所需要的物品或享受某种特权，例如出去旅游、周末去爷爷家玩；还可以换取明星演唱会的门票（活动奖赏）；优异的分数、奖状会得到小伙伴及父母的赞许（社会奖赏）等。这种奖赏的优点是可以代换、范围大、灵活性大。但这种奖赏必须在能兑换成其他奖赏时，才能有增强的作用，否则会失去效应。

在治疗过程中，要逐渐改变对于奖赏方式的选择，对于幼小儿童开始可以采用物质奖赏，再过渡到代币，换取活动奖赏。并逐渐使患儿得到的奖赏与正常儿童在相似情况下得到的奖赏一致。因为这种奖赏可以维持得更久，并且在日常生活中实行，易于获得强化。

2. 消退　首先必须仔细地观察究竟是什么因素对儿童的不良行为起了强化作用。一般来说，父母／爷爷奶奶的溺爱、无原则满足或儿童本人从不良行为中获益，都可以起到强化作用。针对找到的强化因素，停止对某种不良行为的强化，不予理睬，使其自行消退。

应注意，在消退治疗开始时，孩子会出现一些情绪反应，如哭闹，不良行为发生的频度及强度都会明显增加。这时父母不要动摇，继续坚持下去，不良行为就会逐渐减少。但对于严重的攻击或破坏行为，以及严重的自伤或伤人者不宜采用消退法。

3. 惩罚　惩罚并不是打骂，要讲究方法。以下方法家长可以灵活运用：

（1）自然结果惩罚：自然结果是继孩子的不良行为后正常或自然发生的事情，例如，不好好吃饭的自然结果是下午饿肚子，不做作业的结果是明天挨批评，早上磨磨蹭蹭就会迟到，打小朋友的自然结果是小朋友不和他玩等等。孩子经历了因为自己的行为而产生的后果，就可以学会改变自己的行为。父母要在保证孩子安全的前提下实施这些方法，同时切记不要人为介入，例如：孩子中午没吃饭，就给他买零食以补充营养；孩子要迟到了就亲自开车送。要让孩子认识到，是由于他自己的行为导致的结果，咎由自取，才能起到惩罚的作用。由于惩罚是自然产生的，所以孩子很少会对父母不满。

（2）逻辑结果惩罚：应用逻辑结果来处理不良行为，要保证这种惩罚与不良行为的性质相吻合，即：惩罚对某一具体的不良行为而言是符合逻辑的，合情合理的。例如：不刷牙，就不给糖果或甜食吃；用水枪射小朋友，就一星期不准玩水枪。当孩子看到不良行为与惩罚间的明确而合理的关系时，更易于改变该行为，同时也不会对惩罚产生不满。要注意惩罚不要太严厉或持续时间太久，例如用水枪射小朋友，罚一个月不准玩水枪。随着时间推移，孩子早已忘记这件事或丧失了对水枪的兴趣，也就失去了惩罚的意义，父母也不容易坚持。

（3）暂时隔离法：适用于学龄前和低年级儿童，当孩子发生令人不能容忍的行为时（例如辱骂奶奶，有意攻击小朋友），让他们站在某一特定的地方或坐在某一把椅子上，直至所规定的时间（通常为1岁1分钟）。这一策略应在不良行为发生之后立即应用才有较好的效果。

（4）取消特权：取消给予的奖赏物或让孩子失去某些特权（例如玩游戏），适用于年龄较大的儿童，因为这些儿童预先已经知道什么样的不良行为会导致这样的惩罚，对他们会有督促作用。

二、家庭管理的八项原则

在进行行为治疗时，要遵循一些原则，这些原则为父母在家里实施行为矫正提供了准则，如果父母们牢记并坚持，就会从中获益。为了督促自己坚持用这些方法培养孩子，可以把这些原则抄下来，贴在卫生间的镜子上或冰箱的门上，每天起床时看一看，牢记在心并付诸行动。这里对这些原则做简单说明，具体技术在下一节详述。

1. 及时反馈 当多动症儿童面临一些令人厌恶、烦恼的事情时，他们就会产生一种寻找其他事情去做的冲动，这常导致儿童在瞬间发生不恰当的行为。父母们对这些行为要立即作出反馈。如果你想让他坚持去做这件令他厌烦的事，你必须安排积极的反馈并且使任务更具奖赏性；如果他不能坚持而随意中断任务，就要给予温和的批评。同样，当你试图改变孩子的不良行为，你必须对他的良好行为给予快速的奖励，如果表扬不足以激励孩子坚持一项工作，就要采用物质奖赏。无论给予何种反馈，越快效果越好。如果白天发生的事，留待晚上才给予反馈，孩子早就忘记了自己当初的行为及动机，反馈起不到应有的作用。

小明在与表弟做游戏，妈妈预先告诉他，希望他能够和弟弟合作。然后妈妈密切观察，发现他表现出了合作、分享和友善，就及时走到他身边，摸摸他的头，说："你先让弟弟玩新赛车，这样做很好，妈妈很高兴。"相反，如果他欺负弟弟，要明确地告诉他："你和弟弟抢赛车，还推了他，这样很不好，你应该爱护弟弟，懂得谦让。因为你今天和弟弟抢赛车，所以星期天我们不去动物园了。"

2. 频繁反馈　多动症儿童需要经常地给予反馈，当父母试图改变孩子的某一重大的行为问题时，应在时间、计划、能力允许的情况下，尽自己所能给予奖励。例如，对孩子做作业过程中克服的每个困难给予鼓励，比孩子全部完成家庭作业后给予奖励更好。20分钟能完成的作业，孩子常常拖拉几个小时还没有完成，可以给孩子一个时间限制，例如5分钟做一道题，当时间用完时，没做完的题目扣一分，这样比几小时后扣他的分数更有效。在其做作业时，要不断地给予鼓励，激励他努力以避免扣分。

为人父母，常因为忙于家务而忘记经常关注孩子的行为。有一个办法可以提醒自己，找一些纸贴，画上笑脸，贴在经常看到的地方，如厨房的墙壁上，每当抬头看见这些贴画，就提醒自己要去关心一下孩子此时正在做什么，即使孩子坐在那儿看电视，也要去看看，顺口夸他一句。也可以买一个定时器，设定下次去关注孩子的时间，或使用手机提醒装置，间隔一段时间定时提醒。

3. 更强奖赏　多动症儿童比其他孩子需要更明显和有力的奖赏，以激励他的良好行为。奖励物包括他喜欢的图书、小玩具、小装饰，上网、玩游戏等，高年级孩子可以适当给钱。这样做似乎违反了一般的家庭教育常规，通常不应该经常给孩子物质奖励，因为这些奖励会取代内在的奖励。正常孩子会通过内在奖励推动自己，例如读书的乐趣，掌握一项技能或活动成功的喜悦，让父母和朋友们高兴的愿望，或者玩游戏玩得好，获得小伙伴的认可等等。但是多动症孩子缺乏内在的奖励机制，这些长远的强化和奖励对多动症孩子的行为很少起到激励作用。应使用更强大的、更显著的、有时是物质的奖励来发展和保护孩子的积极行为。

有的家长对于给钱不太赞成，认为这带有功利性质。事实上，适当给点钱，并且教孩子合理用钱，学会积蓄钱来达到一定的目的，也是一门技能，四年级以后的孩子都应该学习一些理财知识。

有的家长觉得把上网、玩游戏作为奖赏手段，会让孩子沉迷于网络，容易成瘾。其实网络、游戏本身都不是坏东西，关键在于怎么运用这些作为激励手段，怎么管理游戏、网络。

4. 先奖后罚　当孩子出现不良行为或违抗指令时，父母通常会对孩子进行惩罚，这对正常孩子来说是完全正确的，因为他们仅仅是偶然犯这样的错误，受到的惩罚少，受到一次惩罚后会牢记在心，提醒自己以后不再犯类似错误。但对多动症孩子来说就不完全正确了，因为他们经常出现不良行为，屡教不改，单独使用惩罚对改变行为没有多大效果，他们转瞬就忘记了自己的承诺。反复惩罚反而会导致孩子的怨恨和敌意，孩子会试图想办法反击、报复，结果又导致更严厉的惩罚。

父母要经常地提醒自己：先奖后罚，只有奖赏和激励才能使孩子按你所希望的去做。先奖后罚的规则很简单：当你想让孩子改掉一个不良行为，首先要确定一个取代不良行为的良好行为，这可以直觉地引导你开始观察孩子的这个良好行为，一旦出现这个良好行为，就马上给予表扬和奖励。只有在这个良好行为得到奖励，并至少持续一周后，才开始惩罚或批评先前的不良行为。要保持奖励与惩罚的平衡，2～3个表扬或奖励才实施1个惩罚。惩罚要有选择性，只有特别不良的行为才实施惩罚，而不是孩子所有做错的事都惩罚。

小刚在餐桌吃饭时经常插嘴、打扰别人、脱口而出大发议论。妈妈在家庭聚餐前告诉小刚："吃饭时要有礼貌，要把东西吃下去后再说话，别人说话时要好好听，等到别人说完时你再说，不要老插嘴……"并向小刚解释，让他掌握这些规矩的要点。然后在一个小卡片上写下这些要点，放在小刚吃饭时随时能够看到的地方。吃饭时发现孩子有插嘴行为时就给予一些非语言的暗示，如眨眼示意。当他能倾听别人说话时，及时摸摸他的头，让小刚知道，他坚持遵守这些规矩的努力是多么令人满意。开始一周对小刚违反规矩的行为暂时忽略不计，一周后告诉他："从现在起，下一次吃饭再有违规行为时会受到惩罚"，并坚决实施。

5. 事先预告　为促使孩子更好地按照规则办事，父母要在做某事之前，发出预告。其实，父母对于孩子什么时候会出现不良行为有很好的预测能力，却不知怎样运用这种预测。如果学会预测这些问题出现的情境，提前思考怎么去处理这些问题，制订一个实施计划，这样就会减少很多烦恼。

这里给出一些建议：①在要做某事之前，给孩子一些提示，如"小航，晚餐一会儿就好了，今天我做了你喜欢吃的肉饼，准备关电视，现在去洗手，到餐桌边来"。提醒孩子对离开电视做好准备，给他们一定时间把注意力转移到晚餐来。②礼貌地要求孩子回应这些预告，以确保孩子听到了你的话。当孩子正集中精力于一种有趣的活动（看电视或玩游戏），可能根本没有在听。这时要问："你听见了吗？"这样引出"听见了"的回答，可以避免因为孩子没有听见而受到指责。③直接使用中性语句："小航，刚才我已经告诉过你，现在该吃晚餐了，关掉电视去洗手！"不要有商量的余地，可以简单重复这个要求，必要的话亲自去关掉电视。若他不听话，按照前面的方法扣分、取消活动或暂时隔离。

小麟经常在有外人在场时制造麻烦，弄得父母非常难堪。

每次去商店，看见喜欢的东西就一定要买，他自己从货架上拿东西，拉开妈妈的包就掏钱，而不顾妈妈反复地制止和恫吓。当着商店里那么多人，妈妈常束手无策，售货员和其他顾客的鄙视眼光使妈妈更加沮丧，恨不能逃离商店。

妈妈采取了解决这个问题的五个步骤：

第一步：在实施这个计划之前，停止去商店、饭店或朋友家一段时间。

第二步：当准备去商店时，与孩子重温2~3个应该遵守的规则（这些规则是孩子经常违反的）。例如在商店的规则是"站在我旁边，什么也不要问，按我说的做"等等。不要做更多的解释，只是简单地申明规则。然后要求孩子重复这些规则。

第三步：进行奖赏和激励，在去商店的路上奖他一杯酸奶，激励他记得要遵守的规则。

第四步：向孩子讲清楚你可能采取的惩罚方法，如在商店的角落暂时隔离、失去积分或特殊待遇等。

第五步：一旦实施计划，就要坚持下去，记住给孩子及时的和经常的反馈，必要的话，要迅速地对孩子的违规行为进行惩罚。

6. 保持冷静　当多动症孩子一次又一次惹祸，使父母既赔钱又丢面子，父母会变得异常愤怒、沮丧，甚至行为失控；曾经有位母亲在孩子背上咬下两排深深的牙印，她当时的感受是"恨不得把他吃了"；另一位父亲把孩子两手吊在电扇上，任电扇飞速旋转；更有甚者，父母将孩子虐待致死……这些父母在愤怒的驱使下，已经失去了对问题的判断力。

父母们必须记住，你始终都是成人，你是这个无辜孩子的老师和教练，你的目的是教育孩子避免犯某些错误，而不是发泄自己所承受的压力而导致的怒气，父母在面对孩子带来的麻烦时保持冷静才能胜任老师和教练的角色。

保持冷静的办法是同孩子的问题保持一种心理上的距离，假设自己是个局外人，是在处理邻居家孩子的问题。这样就可以看清所面临的问题，不把自己的感情掺杂其中，就会更客观、实际、理智地教育孩子，不至于被孩子的问题烦扰。

这是艰难的，也只有这样才能每天、甚至一天几次地提醒自己"冷静"，特别是在处理孩子具有破坏性的行为时。

7. 宽宏大量　宽宏大量要做到三点：

第一点，宽容孩子。在与孩子争论、冲突时不要总是考虑自己的尊严，纠缠在和孩子谁输谁赢上。可以到其他房间去静静地待一会儿，厘清一下自己的思路，重新控制一下自己的情绪，你会明白怎样处理更好。

第二点，宽容他人。要原谅那些对孩子的不适当行为横加指责的人，因为孩子的行为确实给他人带来了麻烦，他们简单地指责孩子懒惰或道德失范，是因为他们不理解孩子的问题。面对这些压力，要保持自己的立场"我的孩子是个有弱点的好孩子"，不要被别人的想法所左右，站在别人的立场上来对待自己的孩子。要保护自己的孩子免遭伤害。

第三点，宽容自己。在对孩子进行管教的同时，也必须学会原谅自己。多动症儿童会导致父母恼怒、失控，过后又会为自己的失控自责。不要沮丧和自责，认为自己是个不称职的母亲，"我也是凡人，也有喜怒哀乐"，要对自己的表现给以宽宏的评价，摈弃沮丧、懊悔的心情；明确哪些地方需要改进，进行自省，以便下次做得更好。

当一天时间过完，孩子上床后，用一会儿时间回顾一天的事情，宽恕和原谅孩子的违规、过错，因为"他不是故意的"，把孩子在这一天里给自己带来的生气、抱怨、沮丧等不良情绪丢开，面对新的一天。

8. 保持连续　在对孩子进行管理教育时，要采取同样的策略掌控孩子的行为，做到4个连续性：①时间上的连续性，不要朝令夕改，开始时及时奖赏，过了一段时间就束之高阁；②规则的连续性：制订了规则就要坚持到底，不要姑息孩子，更不要轻易放弃；③方法的连续性：当面临孩子的新问题时，要用同样的矫正方法去管教；④家庭成员之间的连续性：父亲和母亲以及全家人都要采取同样的办法。

在执行规则时情况是千变万化、不可预测的，这常常会导致计划的失败。当新方法不能产生令人满意的直接效果时，千万不要丧失信心，有时候，坚持下去，就会成功。

三、行为矫正八步法

"行为矫正八步法"是美国著名儿童临床心理学家巴克利博士在总结几代心理治疗学家的经验，并广泛积累实践经验的基础上编制的方案，常用于多动症儿童的行为管理。在美国，已经有数万名心理卫生工作者接受了实施该方案的培训，成千上万的家庭接受"行为矫正八个步骤"的辅导，并从这个方案中获益。在欧洲多动障碍临床指南和中国儿童注意缺陷多动障碍防治指南中，都将辅导父母方案放在多动症治疗的显著位置予以介绍。我们在门诊和学校的实践，也证明该方案适用于我国。本书以适合家庭操作的方式列出行为矫正的八个步骤，通过对父母进行科学的和系统的指导，让父母学习更好地管理和引导自己的孩子，帮助父母成为一个出色的管理者。本方案旨在改变父母的教育方式，孩子行为的改变来自于父母自己行为的渐进、自然和最终的改变。

（一）行为矫正八步法的治疗目标

1. 通过彼此的尊重、合作和理解，改善亲子关系，使家庭充满关爱和友善；

2. 建立赏罚分明的家庭制度；

3. 改变父母的教育方式，减少家庭生活中常见的冲突、争执以及动辄发怒的行为模式；

4. 增加孩子为社会所接受的行为，减少社会所不能容忍的行为；

5. 为孩子将来走向社会做准备。

（二）行为矫正八步法适用于哪些孩子

这种方法适用于年龄在 2～10 岁之间、语言发育基本正常、没有严重的对立违抗行为的多动症儿童。孩子的语言能力太低，不能理解父母的要求，则无法实施治疗；孩子有严重的对立违抗障碍或品行障碍，单用本法难于奏效，需要更大力度的干预。如果孩子存在孤独症谱系障碍、严重的抑郁症或精神病性障碍，一般来说不适合本方案。

实施此方案，需要全家人协同一致的配合，如果父母对孩子的管理措施不一致，一方的积极主动就会被另一方的消极怠工所瓦解。所以如果父母之间存在严重的矛盾或婚姻危机，家庭气氛紧张，则难以系统地开展特定的治疗方案。最好是先解决婚姻、家庭矛盾，然后开展治疗，否则很可能导致治疗失败。注意：这套方案的目的不仅仅是改变孩子，重要的是改变父母自己的管理方式。若父母不准备改变自己去帮助孩子，这些方案对父母们是没有作用的，如果父母不准备完全遵守该方案的要求，那么注定是要失败的。

（三）行为矫正八步法的实施步骤

实施行为矫正八步法一般需要 8～12 周时间，每一步骤用时约一周，个别孩子也许会用 1 个月以上的时间去完成一步，所以不要操之过急，每一步都要建立在前一步的基础上，这需要严格按规则操作。在顺利完成上一步之前不要进入下一步，这样才会有实效。千万不要越过前面的步骤直接进入惩罚阶段，要记住前面所提到的规则：先奖励后惩罚。

第一步：设置亲子游戏时间

由于多动症孩子的行为给父母带来沉重的精神压力，无形中影响了亲子关系，父母对孩子表现出急躁、不耐烦，经常只看到孩子的缺点，孩子在重复的训斥、惩罚中越来越不服气，对父母的管教反感。因此，本方案的第一步，是修复亲子关系，需要父母每天拿出一段时间，和孩子一起游戏，游戏要以儿童为中心，游戏时对良好行为给予关注；同时掌握何时给予关注或撤回关注。

1. 治疗目标

（1）注意和承认孩子的良好行为，获得孩子的信任；

（2）欣赏和享受和孩子在一起的时光，改善亲子关系。

2. 实施方法

选择孩子玩得高兴的时候、而且是正在玩正当的游戏时走近孩子，仔细地观察孩子的游戏，观察2分钟，然后以欣赏的口吻提问"这很有趣呀""我以前从没见你这样做过，肯定是在学校学的""噫？它为什么会动"等，然后加入游戏。在玩的过程中，可以边玩边加以评论，口气简单、不过分，表达真诚的赞美，如："好球""好漂亮""你的速度越来越快了"。也可以用现场直播方式大声地描述孩子正在做的事情，表示自己很感兴趣，如"他上前单手投篮……他带球后撤，现在他……"要说得生动，较小的孩子特别喜欢父母的"直播"。对于大一些的孩子，父母可以客观地发表自己的评论。15～20分钟后，告诉孩子自己很喜欢和他玩，提出定个亲子游戏时间，以后每天放学后或晚餐后和他玩。

以后，每天到了设定的时间，只需简单地说："我们一起游戏的时间到了，你愿意玩什么？"让孩子根据喜好选择相应的活动（看电视是非主动性的活动，应剔除），花20分钟的时间和孩子一起游戏，在第一个星期里，最好每天如此，或至少要做5次，以后，也要不断地与孩子玩这种游戏，争取每周3～4次。

如果父母心情不好、非常忙碌或马上有事要离开，就不要做这样的安排，这时自己的脑子已经被这些事情填满了，积极关注的质量会大大下降。

3. 注意事项

（1）不指导、不纠正：在玩游戏时强调以孩子为中心，依从孩子的意愿，只要行为恰当，怎样玩都行。父母要做到绝对的心平气和，只是参加他的游戏，不试图改变孩子玩耍的方式，也不对游戏指手画脚、横加干涉，否则孩子会觉得你想控制局面而产生反感。要让孩子感到亲子游戏时间是一种情感的奖赏。

（2）不提出问题和要求：这十分关键，提问会干扰游戏的顺利进行，因此应严格限制，除非对孩子正在做的事情不理解时可以要求他解释。要记住这是孩子放松地享受和父母玩耍的美好时光，不是受教育的时间，孩子反感父母利用游戏灌输知识或进行说教。父母在说话前先问问自己"这句话会使他停下来不和我玩了吗？"这有助于训练和孩子交流的方式。

（3）真诚的反馈：在游戏期间，要明确具体地说出自己的满意之处，这应该做得诚恳和恰当，表示对他所做的事感兴趣，自己愿意和他待在一起。例如"我喜欢咱们这样安静地玩""我真喜欢我们一起游戏的时间""去告诉爸爸你的表现有多棒"，这些都是积极合适的评论。还可以用拍拍头或肩膀、做个表示满意的手势来表达。要及时表达自己的赞许，不要延迟。同时不仅对儿童已做的表示关注，还要暗示他将来的行为，例如可以说："我真的很高兴你安安静静地玩，不到处跑。"注意切勿以讽刺挖苦的方式表达赞许，如："你今天玩得这么专心，要是你做作业也这样专心就好了"，这会大大降低强化孩子积极行为的效果。

（4）对孩子破坏性行为的处理：在这段时间如果孩子表现出严重的破坏行为，可以采用消退法，转头去看别处几分钟，这样做有可能减少孩子的不良行为。如果无效，可以离开房间，走前平静地说："今天的游戏结束了，明天当你表现好时再和你玩。"在本阶段暂不采用其他的方法来管束孩子。

通过参与游戏，父母会发现自己想更多地与孩子在一起。孩子也会喜欢父母的加入，他会因为父母的微笑而更开心，会主动完成一些任务而赢得父母的夸奖，甚至会要求父母在游戏时间结束时继续陪他玩。这表明已经获得了成功的第一步！如果父母发现自己不再试图控制、教育，而是仔细地观察，与孩子一起游戏，并且会表达赞扬，就可以进入下一阶段了。

在第1～4阶段，父母的任务是首先觉察到自己的行为在改变而不是孩子，在这个阶段，父母不能希望孩子有太大的改变。

第二步：运用表扬使孩子服从

积极的关注—表扬可以强化孩子的服从行为，这一技巧的关键是要及时反馈，父母要改进自己的管理方式，增进孩子的自觉服从行为。

1. 治疗目标

（1）抓住闪光点，增强服从性；

（2）学习发出有效的指令，训练孩子服从。

2. 实施方法

在本阶段，要做的第一件事是细致地观察孩子，抓住闪光点，不论何时只要孩子服从了你的要求，就要及时表扬他："你照我说的去办我很高兴""看看你……有多能干""谢谢你……"要做个有心人，像老鹰一样盯着孩子寻找闪光点！

第二件事，有意利用几分钟的时间训练孩子的服从行为。选一个孩子空闲的时间，发出极其简单、温和的指令，请他帮父母一些小忙，诸如"把铅笔递给我""然后去拿那个蓝色毛巾来"，我们把这些称为"取物指令"，一般选孩子喜欢做的事，只需孩子的举手之劳即可达到。连续发出5～6个这样的指令让孩子代劳，但每次只提出一个请求，若孩子干得好，一定要给予具体的表扬，比如"按我的要求去做我很高兴"或"谢谢你按我的请求去做"，接下来，再提一个要求，让孩子继续这样做下去，使孩子意识到服从命令原来是那么简单。

试着一天这样做几次，由于事情简单，大多数孩子都能胜任，这就为父母提供了发现孩子的优点并予以表扬的机会，有时难以应付孩子的每一个要求，可绕过这个要求提出其他要求。父母的目标不是控制不良行为，而是捕捉、关注、强化孩子的服从行为，这样做的结果是增加了孩子服从家长指令的自觉性。

3. 注意事项

（1）训练孩子的服从行为要选择孩子的空闲时间及情绪好时，要让孩子做他喜欢做的事，一般不选家务活；

（2）及时反馈：对孩子提出要求后，要马上把行为的结果向他反馈，不要走开去忙自己的事，要和孩子待在一起，及时给予关注和赞许；

（3）当孩子遵从要求专心做事时，不要再给予其他的要求或问其他的问题，这会分散孩子的注意力；

（4）假如孩子在没有指示的情况下做了遵守规则或家务之类的事情，要给予他特别的赞许，这是一个教育孩子自觉地参与家务劳动、遵守家庭规则的极好的机会；

（5）可以有意识地创造 2～3 个他克服困难按照要求行动的例子，当他开始按这些困难的要求去做时，要着力予以表扬；

（6）如果孩子不服从，就按照平常的办法解决，不要采用新的惩罚办法。

经过此一阶段的练习，很多家长感到孩子们对待大人的指令有了非常显著的变化。当每一件要孩子做的小事情都完成得很好，或是父母的大多数要求孩子都能完成，父母可以很轻松地对孩子的每一个服从行为给以强化，就可以进入下一阶段了。

第三步：提出更有效的要求

让孩子学会按照父母的要求办事，可以从做家务活训练起。也许有的家长认为不需要孩子干家务活，只要他管好自己就行了，其实，做一些力所能及的家务是让儿童认识到自己是家庭的成员，用以培养对家庭的责任感，也是训练孩子服从大人要求的"道具"。

1. 治疗目标

（1）改变父母向孩子提要求的方式；

（2）使用任务卡片，要求限时完成。

2. 实施方法

给孩子制作一些卡片，上面写上最近要做到的要求，贴在显眼的地方。或把做每项家务工作的步骤简单地写在卡片上，当要求孩子做家务时，把卡片递给孩子，告诉他希望他完成这项工作。卡片上注明每一项家务的完成时间，然后启动计时器，使孩子确切地知道什么时候做什么，不要说"今天你得把这些垃圾倒掉"或者"睡觉之前必须把你的鞋放在鞋柜里"。而是到了该收拾东西的时候就说："该收拾房间了，把鞋放在鞋柜里，我把时间设置3分钟，按时完成。"

3. 注意事项

（1）指令的选择：首先想想发出指令的重要性——是孩子必须马上做的吗？是孩子能完成的吗？你愿意坚持到底吗？如果这些问题的回答是否定的，就不必发这条指令；如果答案是肯定的，就要确保言出必行，努力让孩子服从指令。

（2）改变发出指令的方式，要用简洁、直接、公事公办的语调提出要求。不要以疑问句提出要求，例如"你可不可以拣起这些玩具呢？"或是"要吃晚饭了，把你的手洗干净，好吗？"，这种情况下孩子很可能回答

"不"。直接的表述会更有效果，比如"现在拣起玩具"或"吃晚饭了，去洗洗手"，不必大声呵斥，只是要以坚定明了的口吻提出要求。发出指令要求是正面的，例如爸爸说"别把鞋子扔在客厅中间"，孩子可能置若罔闻，当他直接说"把运动鞋放在鞋柜里"，孩子比较容易执行。

（3）一次不要提太多的要求：大多数孩子一次只能完成1~2个任务，所以最好一次只给他一项具体的指示，若需要孩子完成的任务比较复杂，可以把它分成若干小步骤，一次只让他干一件小事。

（4）确保孩子注意到了这些要求：向孩子发出指令时需要走到孩子身边，保持目光接触，不要从屋里往外喊。如果他不在意，可以轻轻地把他的脸转向自己，让他看着自己，静听指令并观察父母的表情；为了确保孩子听到或听明白命令，要让孩子重复一遍指令，复述要求能提高孩子对指令的注意，便于执行。

（5）提出要求前要减少所有可能引起分心的因素，例如把电视关掉。父母们常犯的一个错误是在电视、音响、录像机正开着时向孩子提出要求，这时孩子沉浸在电视节目中，很少注意到父母的要求并参与进来。

第二和第三阶段父母们开始学习发出有效指令。当父母对孩子提出要求的方式由过去的恳求变为以一种中性的、不容置疑的口吻时，父母会有一种进步了的感觉。进入下一阶段前，问一问自己：是不是检查了孩子的任务完成情况？已经给所有的任务设置了时限吗？写有时间规定的家务卡片对孩子有效吗？如果自己能给予孩子明确清晰的指令，设定完成任务的时限，表明孩子能够遵从父母的指令，就可以进入下一阶段了。

第四步：用关注法减少对父母的干扰

家长经常抱怨他们做事被孩子干扰，例如打电话、做饭或是拜访亲友。很多父母对孩子的干扰行为给予了极大的关注，而对他安静独立玩耍的行为却视而不见，事实上是父母的关注强化了孩子打扰大人的行为。这一步将帮助训练孩子在父母忙时能独自玩耍。

1. 治疗目标

训练孩子在父母忙时独自玩耍，不来干扰父母。

2. 实施方法

当准备做事时（比如去做饭），直接对孩子发出两条指令：一是告诉他应该做什么，再告诉他不要打扰自己。可以说"我去厨房做饭，我希望你待在这里看电视，不要打扰我"，然后安排他去做他感兴趣的一些活动，诸如看电视、画画、玩玩具、看书等。

过 1~2 分钟父母停下手里的活，来到孩子面前，表扬他没有干扰自己，提醒他接着干，不要打扰自己，然后继续做事。

2~3 分钟后再过来表扬孩子，再接着做事，5 分钟或更长些的时间再表扬孩子的行为……最终可以逐步减少强化孩子的次数，慢慢地延长自己工作的时间。

如果感到孩子就要放下他的玩具来打扰自己了，应立即停下手里的事情，走到孩子面前表扬他没有打扰您，然后再次鼓励他自己接着玩。

家长的工作一结束，马上表扬孩子没有来干扰自己的行为。每个时间段结束时的总体表扬，应该比时间段内时不时地表扬更进一步，除了口头表扬，还可以考虑使用小奖励。

本周可选择 1~2 件这样的事情来实践一下，例如做饭、与邻居谈话、打电话、看电视、拜访朋友、打扫卫生等。如果以打电话为训练项目，可以请别人一天给自己打 1~2 次电话，如此这般，当真有重要的电话要接的时候，父母就可以从容接听了。

3. 注意事项

（1）循序渐进：一开始父母去强化孩子的时间要短些，以后可以逐渐延长，每一次从自己的事情里抽身去照看孩子的间隔时间都要稍有增加，这种练习应该持续到孩子能单独玩 20 分钟。培养孩子一个好行为也可以用这种方法：开始强化的次数多些，而后逐步减少强化新行为的频率。

（2）有意识地关注：有的家长觉得孩子挺安静，就忘记要去关注他，或觉得放下自己手头的事情去关注他没有必要。孩子在独立玩耍的时候需要表扬和奖励，否则随着时间的推移，他自己一个人玩的时间会减少，因为他认为您对此不在意，他会很失望。因此一开始必须不断停下手中的活，慢慢达到练习的目标。

经过一周的训练，可以回顾一下，是否当自己不想被打扰时会给孩子一些任务去做，是否能很轻松地停下手头的事情去强化孩子，如果孩子可以独自玩耍不来干扰父母，便可进入下一阶段了。

第五步：建立家庭代币方案

家庭代币方案可以把家庭规则细化，运用积分帮助孩子学习遵守规则和服从指令，运用扣分来改变不良行为，并在家庭内形成制度。

1. 治疗目标

建立一个严密的强化体系来促使行为问题的儿童遵守规则和服从指令，用奖赏手段增加孩子的良好行为。4～6岁儿童可以用家庭卡片方案；7岁以上儿童可以采用家庭积分方案。

2. 实施方法

（1）家庭卡片方案：找一副扑克牌作为卡片（也可以自制卡片或五角星、小红花、贴纸等），坐下来和颜悦色地与孩子讨论关于奖惩的方法，告诉孩子现在要实施一项新方案，这个方案会因为他表现良好而得到相应的奖励。

找一个能贮存这些卡片的容器：纸盒子、咖啡罐，用于贮存挣到的卡片，用一些有趣的图案把盒子装饰一下。

现在制订一个和孩子挣到的卡片相应的奖励方案。奖励物不仅包括每天都能享受的日常奖赏，如看电视、打电子游戏、玩玩具、骑自行车、去小伙伴家玩等，而且包括特殊的奖赏（特殊待遇），如周末看电影、滑旱冰、买玩具等。

接着把父母希望孩子参与的任务拉一个清单：如饭前摆餐具、饭后清理餐桌、整理卧室、铺床、倒垃圾和其他的一些家务活。也可以列出多动症孩子因为磨磨蹭蹭经常引起和父母冲突的事，如穿衣服、洗脸刷牙、上学、做作业、准备就寝和洗澡等。

下一步是确定每项任务的卡片数量。对4～6岁的孩子，每个任务可以得到1～3个卡片，比较困难的任务可得到5个卡片，任务越难，挣得的卡片越多。

接着计算在有代表性的一天中，当孩子完成了父母所指派的绝大多数任务后能够获得的卡片数量，建议把所获卡片数量的2/3用于换取日常奖励，余下的1/3可积累起来换取特殊待遇。要是孩子一天能挣30个卡片，那么20个可用于换取日常奖赏，10个积累起来。不要太在意确切的数字，只要根据自己的判断，公平即可。

再给特殊待遇（如星期天去滑旱冰）制订卡片数。把每日积累的卡片数量与期望获得一次特殊奖励的天数相乘，如孩子每日积累 10 个卡片，那么这项活动需要付出 10×7=70 个卡片。照这样确定每个活动所需要付出的卡片数。

要让孩子知道，若是他以良好的态度完成了任务，还有机会赢取额外的卡片，并且对孩子说非常喜欢他积极的态度。但最好不要对所有的行为都如此加分。

要告诉孩子，只有在第一次指令发出后完成的任务才能获得卡片，重复提出要求后才把该做的事做了则得不到卡片。

本周不能因为孩子不良行为的出现而收回他的卡片。

孩子拥有了卡片，他就有权利支配它，孩子有时会在不合适或不方便的时间要求行使自己的权利，比如睡觉前要求看电视。因此应该规定当他要享受自己的奖励时，要先请示家长，对不适宜的要求，家长可以根据实际情况安排，例如承诺明天下午做完作业看电视。

（2）家庭积分方案：家庭积分方案适合于年龄较大的孩子，除了以分数代替卡片，根据每项工作的价值而使用分数以外，该方案与卡片方案相同，对日常事务的赋值从 1～5 分不等，对于较复杂的活动最高可以给 200 分，基本的给分原则是把通过 15 分钟的努力得以完成的任务给大约 15 分。以下是小兵的任务及奖励表：

小兵（8 岁）的任务及奖励表

日期	完成项目	得分	奖励项目	支出	余额
	按时起床	10	看电视（30 分钟）	10	
	15 分钟内穿衣洗漱	15	玩手机游戏（30 分钟）	20	
	15 分钟吃早饭	5	在院子里玩	10	
	按时到校	10	骑自行车	10	
	上学带好学习物品	5	玩玩具	10	
	饭前摆碗筷（中晚餐）	4	吃巧克力或喜欢吃的东西	10	
	吃饭不超过 30 分钟（中晚餐）	8	推迟睡觉时间（30 分钟）	50	
	饭后把脏碗放到水池里（中晚餐）	4	溜旱冰	100	

续表

日期	完成项目	得分	奖励项目	支出	余额
	挂好衣服、摆好鞋子	4	买图书	100	
	帮妈妈洗碗（晚餐）	15	去吃快餐	100	
	1个半小时完成作业	30	买游戏碟	200	
	按时上床睡觉	10	买玩具（根据价格）	5～300	
			买溜冰鞋	1000	

估计小兵在一天的时间内通过完成日常生活自理和承担一定家务等能挣到大约120分，他可能把其中约80分用在诸如看电视、打网络游戏、在外玩耍、骑自行车以及由他控制使用的一些玩具（如遥控汽车、赛车和玩具卡车、洋娃娃等）。其余的一些特殊待遇根据孩子积累的卡片而定。

把空白任务及奖励表复印数张，每天把孩子完成的任务记在项目中，把赢得的分数记在得分栏，然后计算收入情况；把每天享受的奖励写在奖励项目，花费的分数写入支出栏，然后计算支出情况。当孩子用分数换取了一项特殊待遇，把内容记在奖赏栏，分值记在支出栏，然后从总支出中减掉。规定只有父母才能填写记录，孩子可以随时审阅，但不可以擅自改动。

（3）注意事项：①任务及奖励内容隔一段时间要重新制订，和孩子一起讨论，取消一些已经能够做到的内容，增加一些希望孩子改变的行为，奖励内容也要更新。②在孩子完成指定的任务之前不要给予卡片或积分，无论孩子怎么强调客观，哭闹耍赖，都要坚持。当孩子完成任务后也不要耽搁，应尽快地奖励他的良好行为。③孩子因良好行为而获得卡片或分数时，家长要及时地告诉孩子，你对他的行为很满意。④巩固家庭代币方案：取得良好效果后，若太早终止这项方案，孩子的依从行为常常不能持久，因此该方案要坚持应用两个月左右，甚至更长。

如果孩子能够完成大多数的任务，而且很喜欢这样的方案，父母也能很容易地对孩子的良好行为给予卡片或分数，就可以准备进入下一个阶段了。

第六步：用扣分法管理不良行为

遵循前述先奖后罚的原则，开始用惩罚法来改变孩子的不良行为。

1. 治疗目标

（1）将家庭代币方案用于减少孩子的对立违抗和其他不良行为；

（2）形成对父母的指令必须照办的家庭制度。

2. 实施方法 使用卡片或积分方案 1～2 周以后，就可以开始间歇的、选择性的扣分形式。可以告诉孩子，任何时候如果他拒绝完成指派的任务，就要被罚卡片或分数。这以后，在孩子对指令不予遵从时，告诉他说"我数 1 到 5，如果你还没有行动，你就要失去__个卡片（或分数）"。然后用比较慢的速度数 1—2—3—4—5，若孩子仍没有开始有所行动，立即从他的库存卡片或记录本上，扣去他完成此项任务后应得的分数，若清单上没有此工作项目，可选择一个和该行为相似的分数予以扣除。

以后，家长可以用扣分的方法对付各种不良行为。

3. 注意事项 ①不要同时去纠正很多不良行为，一段时间只针对 1～2 个行为，否则规则太多，孩子记不住。②扣分法不要太多、太频繁地使用，否则会很快耗尽孩子的积蓄，方案就不能继续执行了。一般而言 3∶1 的策略比较合适，即奖励孩子三次，罚一次。③如果家长太频繁地使用了扣分法，使方案失去动力和吸引力，孩子不愿意参加卡片或积分方案，这时可以暂停执行该方案一个月左右，重新开始后，注意不要罚得太多。

第七步：用暂时隔离法处理严重的不良行为

暂时隔离也称为暂停，在篮球和足球比赛中，比赛的暂时停止叫暂停。用在行为治疗，指儿童活动的暂时停止，作为一种纪律约束手段，对孩子的不良行为或不遵守指令的行为进行管教。本法仅用于比较严重的不良行为，或对代币方案反应不理想的典型的不良行为。通过终止孩子的其他活动，把他置于一个单调、乏味的地方接受一定时间的惩罚，来达到目的。

1. 治疗目标

（1）运用暂时隔离，以达到纠正不良行为的目的；

（2）帮助孩子学会自我控制，尊重父母的权威，遵守行为规范。

2. 实施方法

（1）发出警告：当儿童出现了比较严重的不良行为，首先要发出警告。发出警告时语气要坚定，眼睛盯着他，用足够的声调，手指着孩子说"我数 1 到 5，如果你不按照要求去办，你就要规规矩矩地坐到那把椅子上去"（手指墙角）。

（2）大声数 1-2-3-4-5，如果孩子还是不听，就紧紧抓住他的手腕或上臂说"没有按我说的做，你必须坐到这把椅子上"，不管他如何赌咒发誓，也要迅速地把他带到隔离椅上。若是孩子反抗，可以用自己的身体约束他，如紧紧地斜抱着他，或是从后面抓住他的腰带，立即带到隔离椅上。

（3）在把孩子放到隔离椅上的同时严厉地说："坐这儿，什么时候我让你下来才可以下来！"在此期间不和孩子说话，也不要让其他人与孩子交谈；隔离的时间一般是：轻至中度不良行为每岁1分钟，严重不良行为每岁2分钟。

（4）如果孩子未经允许擅自离开椅子，要及时、坚定地把他放回椅子上，让他的背紧靠着椅子，大声坚定地对他说："如果你再次离开，我就罚你的卡片！"要是孩子再次离开，马上从他的积蓄中扣除其日收入1/4数量的卡片或分数，回过头来对孩子说："待在哪儿，直到我让你下来。"此后，惩罚孩子擅自离开隔离椅，不要再发出警告，而要直接罚其收入。但是，在同一事件里罚孩子不要超过两次。

（5）什么时候可结束隔离，要满足以下条件：①必须要安静下来，在他安静地待上30秒钟才可以和他说话，如果他不停地争辩、发怒、喊叫、大声哭闹，可能必须在隔离椅上待更长时间；②孩子安静下来后，必须同意做大人盼咐的事情，若是家务活让他接着做，若是他做错了事如说脏话、撒谎等，必须承认错误保证改正。此时，可用柔和的语调对孩子说："你这么做我很高兴。"

3. 注意事项

（1）隔离方式：目前美国的书上介绍使用隔离椅，让孩子坐在上面实行隔离，椅子要垂直地背靠着墙，放在墙角里，同时要远离墙壁以免孩子用脚踢墙。一些家长选择在厨房、走廊的尽头或是在客厅的角落安放椅子，以便在做家务时观察孩子。我国的传统习惯是罚站，在角落里画个圆圈，让他面向墙壁罚站，也可以把孩子关到卧室或储藏室里。不论什么方式，重要的一点是让孩子理解他正在受到惩罚。隔离的环境必须安静，附近没有玩具，也不能看到电视。此外，还必须注意安全，特别当儿童一个人待在隔离室里面时，应不会发生安全事故。

（2）第一次实施暂时隔离，最好选择时间比较宽裕的时候，父母双方都在场，态度协同一致。如果父母中途退却，就意味着强化了孩子的不良行为。所以，一经开始，就要坚持到底。

第一次被隔离，孩子的典型反应是愤怒、喊叫、哭闹、强烈反抗，因为他感到委屈。大多数孩子只在第一次隔离时出现强烈反抗，一般只持续30分钟到1~2小时的时间，就会答应按要求行事。慢慢地孩子开始听从首次指令，或仅仅发出警告即可，隔离的次数渐渐减少，这可能要花费几周的时间。有的父母害怕惩罚会伤害孩子，应该认识到，从长远看，这是帮助他改毛病。家长的角色就像运输车，载着孩子进入更大的社会，使他们成为优秀的守法公民。因为不忍心惩罚孩子而放弃了带领孩子走入社会的责任，是一种极大的过失。

（3）不要让孩子借口上厕所、喝水离开隔离椅，不要因错过了吃饭而以零食给予补偿，因为正是他在隔离椅上的必要丧失才使得隔离有效果。

（4）下两周，不要在家庭以外的地方应用此方案。

当使用此法 2～3 周，并发现不良行为出现的频率已降低时，就可以进入下一阶段了，而不需要把所有的行为问题都解决后才往下走。若是孩子的行为不见好转，甚至比开始时更严重了，一定要向儿童心理卫生专业人员咨询。

第八步：扩大隔离法的使用范围

若家长感觉在家里有信心使孩子的行为合理地处于自己的控制之下，就可试着扩大隔离法的使用范围。

1. 治疗目标

在商店、餐馆、其他人家里以及其他地方使用隔离法管理孩子的行为。

2. 实施方法

（1）重申规则：进入公共场所之前，停下来，把孩子在这种场合下经常出现的不良行为和应该遵循的规则讲给他听，并让其复述。若孩子拒绝，警告他将不能进商场，若还是拒绝，就让他站在外面隔离，但父母要留在他旁边，不要让孩子独自待着。

（2）制订奖励规则：进入公共场所之前，告诉孩子如果遵守规则将得到奖励。卡片和分数都是奖励好行为的方法。4岁以下的孩子，可以在包里放一些小食品，以便在整个过程中奖励其好行为。另外，父母还可以许诺获得购买东西的奖励，但这只能用在很少的情况下，对于非常好的行为的奖励。

（3）制订惩罚规则：在公共场所外面，告诉孩子不遵守规则将得到什么惩罚。可以用减少分数或卡片的方法，也可以使用暂时隔离法，一进入公共场所，就寻找一个方便的隔离地点（例如通往洗手间的拐角处），告诉孩子，你如果不守规则就在这儿实施隔离。

（4）安排合适的活动：如果带孩子外出旅行、就餐、购物或做其他需要等待的事，要预先给孩子提供合适的事情来做，因为等待时孩子会感到不耐烦。可以带一些孩子喜欢的东西，如迷你掌上游戏机、卡通书等。在超市可以让孩子推着推车，或到较远地方拿东西。

（5）当不能使用隔离法时的替代：带一个小记事本，进入公共场合前，告诉孩子将记下其不良行为，等回家后视情况的严重程度给予惩罚；或带一支笔，进入公共场合前告诉孩子当他有不良行为时将在其手腕上画一条杠，这些记号可以换成扣分或隔离。和孩子一起外出时，对于孩子的不良行为要立即采取行动以免其逐步升级到不可收拾的地步。并且在整个过程中对好的表现要及时地给予鼓励和奖励。

家庭代币方案和暂时隔离法也可以扩大到学校，由老师配合打分，回家后实施奖惩。

当感到使用八步法后父母和孩子之间的互动变得更积极，孩子对父母的要求更合作了，就可以慢慢试着停用本法。如果停用一段时间后，出现新问题或旧问题又复发，可以再次使用本方案。这样，父母将会收获回报，会发现他们的孩子越来越合群、合作和友好。父母在家庭管理孩子行为的能力得到了很大提高，夫妇双方、婚姻关系得到了改善。大多数父母在此过程中说，作为多动症孩子的父母、老师、朋友的角色的自信心有所提高。

特别提示

行为治疗是一种针对孩子，特别是对幼小孩子的最基本、最有效的方法，是其他治疗方法的基础。其宗旨是改变父母的教养态度，建立一套赏罚分明的家庭管理制度。治疗的成功与否，在于父母的耐心和恒心，只要坚持下去，一步一步去做，你将会看到你的家庭在改变，孩子在改变。对于年龄较大的孩子，单纯被动地推动就不那么有效了，这时需要通过改变他们的认知来提高自我控制能力。

第二节 帮助孩子提高自我控制能力

我们已经了解到多动症儿童存在抑制功能缺陷，在控制行为，制订未来的计划和执行计划方面功能不足。孩子并不缺乏技能和知识，但在怎样有条理地做事和纠正偏差方面表现出明显缺陷。当给予明确的指示，安排更有吸引力和更有激励性的任务，对完成任务或服从规则给予及时的奖励，逐步使这些规则内化，提高自己管理、控制自己的能力，他们才能更好地适应社会，奔向未来。

近年来兴起的认知行为治疗是针对儿童的不良行为，训练儿童自我管理、自我控制的一种心理治疗方法。认知行为治疗是认知治疗和行为治疗的有机结合，由于这种方法着眼于纠正行为和转变不合理信念，所以比单纯行为治疗更有效。这些方法适用于年龄比较大、应用行为治疗无效的孩子。以下介绍几种方法，父母可以在家里指导孩子，逐步培训孩子的自我控制能力。

一、加强语言和规则的内化

多动症儿童难于遵从规则和指令，想要做什么事，马上就行动，而不考虑后果，这与"内部语言"发育不完善有关。"内部语言"在控制个体行为方面起着重要作用。幼儿是靠来自外界的语言指导行动的，在发育过程中，逐步把社会要求和规则"内化"，变成"内部语言"，用来指导自己的行为，这是发育过程中一个重要的里程碑。多动症儿童"内部语言"调节能力缺乏，没有把社会规则变成自己的行为准则，因此不能很好地控制自己的行为。

语言自我指导训练就是训练儿童运用内部言语，使其行为在自己的言语控制之下，以达到自我控制的目的。训练分两个阶段进行。

第一阶段：大声说出需要完成的任务或需要执行的规则。训练时治疗师给儿童示范，大声说出心里想做的事，例如"我饿了，我去拿饼干吃"。让儿童看了一遍之后，自己大声说一遍。反复训练后，要求他在日常生活中实施这种"大声自我对话"，包括对任务要求的评价。例如"我想吃饼干了，可是妈妈不让我在饭前吃饼干，我不管，我饿了，我自己去拿"，或"妈妈不让我在饭前吃饼干，那好，我忍一会儿吧，妈妈会给我加分的"等等。还可以训练自我指导，循序渐进地安排日常活动、学习。例如"我要去上学了，我先清理书包，今天有图画课，要带水彩笔，然后换好鞋子，锁好门，出发"。在自我对话的过程中，儿童会回忆起家里的规则而选择不在饭前吃饼干，或通过自我指导，改掉了上学前匆匆忙忙，经常忘记带学习用品的毛病。以后，训练孩子在做事情时，像幼儿一样把所思所想，以及应该怎样做的规则说出来，把思维"外在化"。

第二阶段：当儿童能够做到用语言指导自己的行为，就可以教他将说话声音逐渐放轻，改为小声说出思维内容，直到最后默念，通过反复练习，逐渐把语言内化，学会用"内心独白"监测自己的思维和行为，达到自我控制的目的。

二、把完成任务的重要信息外在化

多动症儿童的工作记忆（记住完成某项任务所必需的信息的能力）有显著损害，把要完成的任务陈列出来非常有帮助。例如做家庭作业时，预先在桌上放一个卡片，上面列出一些重要的规定和注意事项，包括"做应用题要认真看完题再去做"；"完成作业后，要认真检查"等。这些提示是根据孩子的问题而特制的，例如，孩子邀请小朋友到家里来玩，在玩的过程中经常会发生矛盾。妈妈在小朋友到家里来之前，先把孩子叫到一边，嘱咐他应当遵循的规则："问问你的朋友喜欢玩什么，把他喜欢的玩具先给他玩"，"按顺序玩，控制你的脾气"等等。也可以把这些提示写在一张卡片上，在小朋友到来之前，让孩子多看几次，记住这些规则，以便更好地指导他的行为。

三、把动机源外在化

多动症儿童在调动自己坚持完成任务的内在动机方面存在缺陷，经常会产生乏味、厌倦、以及拖延情绪。心理学家采用外在动机（奖励）去激励儿童克服自身内在动机的缺乏，即及时反馈、频繁反馈、更强奖励，用奖励强化他的好行为、控制他的多动和厌烦，逐渐延长坚持的时间。还可以设计一些任务来创造成功。逐渐将外在动机（靠奖赏激励）过渡到内在动机（靠意志坚持）。当一个人产生了内在的动机，不需要鼓励、奖赏、报酬也会坚持去做应该做的事。

四、应用问题解决策略

行为冲动的人往往缺乏解决问题的能力，不善于对不同情境做出相应的反应，不能很好地预测自己的行为及后果。问题解决策略的要点是帮助儿童学习如何认识和明确问题，设想多个不同的备选解决方案，挑选最佳方案，从而达到能恰当地解决问题、适应环境的目的。

问题解决策略的实施可以分为下述 5 个步骤：

1. 停下来想一想，问题是什么？

2. 有没有解决这个问题的办法？帮助儿童列出所有的解决办法。

3. 最好的办法是什么？列出可能有用的方案，帮助儿童选择最可能实施并容易成功的方案。

4. 执行这个方案！鼓励孩子付诸实施，尝试解决这个问题。

5. 方案执行得怎样？与孩子一起对解决的问题的结果进行评价，并总结经验。

小明 8 岁，经常在课间操同学们都不在教室时翻同学的文具盒，看见自己喜欢的橡皮就据为己有。为改掉这个毛病，治疗师和小明一起设想以下情境：

下课了，同学们都去操场做课间操，小明产生了想看看同学的文具盒里有没有新橡皮的念头；治疗师教他如此做：

（1）停下来想一想，问题是什么？—我想要彩色橡皮。

（2）有没有解决这个问题的办法？列出所有的解决办法。

a.拿到橡皮后藏起来，不让别人发现

b.克制自己不拿，等放学让爸爸给我买

c.向小华借

d.去操场做操，不留在教室里

e.我已经有很多橡皮了，控制自己不要

（3）最好的方案是什么？——去操场做操，不留在教室里可能是最好方案，可以脱离想要橡皮的环境。

（4）执行这个方案——下课时离开教室。

（5）评价结果——我今天虽然没有得到橡皮，但是得到了爸爸妈妈的表扬，我做得很好。

在实施中，可以结合语言自我指导训练，让儿童把实施步骤说出来，有利于自我监督。以后根据儿童的情况逐渐提高要解决问题的难度，培养儿童解决问题的能力。在上述训练的基础上，要结合行为技术，当儿童出现适当行为或正确反应时，及时给予表扬和奖励。将上述方法灵活运用，坚持下去，儿童的自我控制能力就会逐步提高。

五、体验情绪、控制情绪

近年来研究发现情绪失调普遍存在于 ADHD 患儿中，主要表现为情绪不稳定和容易激惹，认为是导致患儿社会功能受损的主要原因。他们对情绪刺激过于敏感，常常因为一点小事就情绪失控，只顾自己的感受，不考虑他人的感受，以发脾气、攻击行为作为解决矛盾的惯用方式，因而导致被伙伴拒绝。通过情绪管理训练，让儿童学会体验自己的情绪、理解他人的情绪，从而控制自己的情绪。训练的方法有：

1. 觉察自己的情绪　首先让儿童观察一些面部表情的图片，识别基本情绪，如喜、怒、哀、乐、悲、恐、惊等，想想自己高兴时的感受、生气时的感受。然后寻找机会，当这些情绪出现时，给孩子一面镜子，让他观察自己的表情，生气时面部表情是紧张的，有脸红脖子粗的感受，同时会有心跳加快、呼吸急促等。通过反复体验，学会及时识别"我生气了"，在开始生气时及时调整自己的情绪。

2. 体验他人的感受 共情是一种能设身处地体验他人处境，从而达到感受和理解他人情感的能力。心理学家通过共情训练让孩子学会换位思考，练习站在别人的角度，考虑别人的感受。具体如下：

（1）理解情绪：让孩子搜集尽可能多的情绪词，然后以游戏的方式要求孩子说出一些情绪词汇，让孩子理解情绪词汇的含义。

（2）识别他人情绪：可以观察爸爸妈妈的表情，同学、老师的表情，体验外在表现和内心情感的联系。给孩子看一些情绪图片，让孩子根据图片给出的信息说出：在图片上看到了什么？他们在干什么？他们的心情怎么样？也可以给孩子讲故事或者让孩子阅读书籍，或看电视，帮助他们理解故事中角色的情感，尤其是不同于自己的情感，体会别人的情感并产生共情。运用角色扮演法，反复练习，使孩子学会察觉他人的情感。这样在别人不愉快时，能及时识别，及时调整自己的行为，减少冲突。

（3）理解不同人有不同的感受：家长可以寻找机会和孩子看同一本书或同一部电视剧，之后互相交流彼此的感受或心情，指出不同的人在相同情况下也会有不同的情绪感受。例如下雨了，有的孩子会说真讨厌，出门还要打伞。而有的孩子却高兴地跑到雨里去，体验细细的雨丝淋到脸上的感受。然后，让孩子尝试着回忆过去的生活中自己感受最深的情绪体验，将事情发生的时间、发展的全过程以及自己的感受都说出来，体会自己的情感；并设想，如果是姐姐遇到这件事她会有什么感受。以后如果与小伙伴发生类似的冲突，可以站在他人的角度、考虑他的感受，而控制自己的行为。

3. 延迟反应 多动症儿童常常根据自己即刻的情感反应行事，导致冲动和攻击行为，教会他们延迟反应的一个简单的办法就是在遇到冲突时默数 1～10，这样就可以有时间冷静下来，分析和理解对方情感，将客观现实和感情分离，合情合理地评价所发生的事情。

4. 分析社交情景作出恰当回应 ADHD 儿童攻击或欺负他人是因为经常误解社交线索，过早地下结论，认为其他人是有敌意的或具有攻击性的。为有效管理同伴问题，孩子需要精确评估社交情景，恰当地作出回应。可以运用问题解决策略，帮助儿童在情绪激动的情况下，在复杂的场合，去体验他人的感受，推测他人的思维，控制自己的愤怒，更有效地减少冲突。

小米经常因为别人踩了他一脚、撞了他一下、拿了他的东西，就认为别人故意欺负他，而经常和同学发生冲突。治疗师教他问题解决策略的步骤：

（1）停下来想一想，问题是什么？——他踩我的脚，我很生气，我要报复。

（2）列出对方可能有的情绪：他是故意踩我的脚；他可能是不小心，他向来走路不看人。

（3）选其中一个最可能的情绪来分析：他眼睛盯着操场上的乒乓球台，有向往的表情，可能是想去打乒乓球。他没有鄙视我的表情，可能不是故意的，我应该谅解他。

（4）执行这个方案：我要宽宏大量，那天我把他的书弄丢了，他也没有让我赔，我不报复他了。

（5）评价结果：我今天很好地处理了和他的纠纷，没有发生冲突，我战胜了自己的冲动。经过反复练习，小米逐渐学会了察言观色，冲动行为减少了。

5. 情绪管理技巧

情绪管理技巧可以帮助孩子获得朋友和社会支持，在与同伴的相处中更多地采用问题导向的解决方法，而不是发泄情绪。

情绪管理技巧中最经典的是埃利斯的 ABC 理论，埃利斯认为一个人的情绪好坏是由自己的想法所决定，如果能改变一个人不正确的想法，就能改变他的情绪和行为。

小强、小明两人一起走在路上，迎面碰到一个认识他俩的人，但对方没与他们打招呼就走了过去。对此小强想："他可能正在想事情，没有注意到我们；就算是看见我们而没理我们，也可能有什么特殊原因。"而小明可能会对这同样的事产生另一个看法："他是故意这么做的，他就是不想理我，看不起我。他凭什么这么对待我？"这样他们两个人的情绪及行为反应就会不同。小强可能觉得无所谓，继续干自己的事；而小明则可能怒气冲冲，以致无法平静下来做自己该做的事情了。

这个例子说明两个人对同一件事可能产生不同的想法而导致不同的情绪和行为结果。因此，家长可以教会孩子在一件事情发生时，多想几种可能的解释，挑选最可能的一种去验证，从而改善孩子的情绪。

第三节 帮助孩子改善伙伴关系

在多动症门诊，我们经常听到诸如此类的诉述，伙伴关系问题是多动症儿童所面临的最烦恼的问题之一。其多动和冲动行为常常使其他孩子讨厌他们，尤其是在合作性游戏时；他们的鲁莽和轻率，出言不逊，很不受欢迎；受到挫折、感到失望时，常常做出攻击行为，使其他孩子受到威胁；由于只顾自己，而不考虑他人的感受，往往冲撞了别人还不自知；在和伙伴发生冲突后，很容易形成敌对情绪和报复心理，结果是在邻里和同学中留下很坏的名声。

这些社交问题的实质是抑制能力的缺陷，他们只顾眼前的感受，不懂得建立密切的伙伴关系的基础是互相帮助和分享彼此的兴趣，不会采用分享、合作、轮流、守信和表达对其他人的兴趣等社交技巧，因为这需要克制自己的欲望，需要等待。同时，他们不考虑事情的后果，因而认识不到自我中心将会失去朋友。

看到孩子经常被伙伴拒绝，父母们也苦恼不已。这影响了孩子的自尊心，使他们产生孤独感。如何让别的孩子喜欢自己的孩子，并成为朋友？对家长来说，帮助多动症儿童改善社交问题难度很大，伙伴交往时，家长常常不在现场，所以他们不能监督孩子去抑制冲动或者停下来考虑自己的行为举止。可以尝试以下做法来改善多动症儿童的社会交往问题。

一、学习社交技能

1. **基本社交技巧** 以下是儿童社交的一些基本技巧，可以通过观看录像，向孩子展示这些技巧，也可以运用角色扮演法，和孩子一起对社交技巧进行演练：

（1）对话的技能：和小朋友对话时要保持眼神的接触、使用温和的语音语调、保持愉快的面部表情。交谈时要围绕一个话题，等别人说完了再说。要善于倾听对方的讲述，询问他们的想法或感受，对别人的讲述表现出兴趣，以保持与其他孩子的交谈。当发现别人没有兴趣或不愉快时，能通过转

移话题或幽默及时化解小伙伴的不快。

（2）运用身体语言：人类有共同的身体语言，例如点头、微笑表示赞同，拉手表示友好。但人和人之间要保持一定距离，不要不顾对方感受去搂抱、拉扯、推搡他人。

（3）当好小主人：教给孩子当主人的职责，家里来了小伙伴，可以采用如下方法招待他们：①询问对方想玩什么或怎么玩，让客人选择游戏；②赞美客人的行为"做对了""真棒"；③如果客人有不妥的言行，不要直接批评客人；④如果自己玩得厌烦了，要和客人商量换别的游戏玩；⑤始终对客人负责，他是你请来的，不能扔下他不管。

（4）分享：自己喜爱的东西，要展示给小伙伴，如果对方想玩，可以提出一起玩。

（5）轮流：在游戏时，有时两个孩子都想要玩同一个玩具，这时可以采取商量的办法：咱俩轮流玩行不？或用自己的其他玩具和他交换。

（6）加入集体活动：想加入他人正在进行的活动或谈话，需要把握恰当时机，可以采取以下步骤：①观看其他小伙伴的活动（如游戏），理解他们在干什么以及游戏规则。②抓住机会赞美别人，如"好！打中了！"③注意不要对正在玩的游戏提问题、批评别人或者发表不同意见。④学会加入，看准时机，例如某同伴上厕所去了，游戏缺了个人，可以适时说"我来玩一个"并加入。告诉孩子在开始加入时有可能被别人拒绝，和他分析被拒绝的可能原因并制订对策。⑤理解怎样让别人玩得开心，如：打球时有意传球给别人。⑥当不想玩这个游戏时，用商量或说服的办法让小伙伴改玩别的游戏。

2. 训练的具体步骤

（1）选择一两种社交技巧，建立家庭奖励方案，要求孩子在伙伴交往中运用这些社交技巧，但注意不要一次提出许多要求，否则难度大，不容易见效。

（2）将这一两种社交技巧写在卡片上，贴在孩子能看到的地方，目的是提醒孩子在这周计划做些什么；但不要贴在太明显的地方，尤其是家里来客人时，以免孩子感到难堪。

（3）在孩子与其他伙伴玩耍的时候，放下手中的工作，把孩子叫过来，温和地复习一遍你们这周计划里要使用的一两种社交技巧；提醒他如果使用了新的社交技巧将得分。

（4）现在开始观察孩子与伙伴玩耍时的行为，一旦看到孩子使用了新的技巧（或者与伙伴交往中表现出良好行为），就要及时表扬他，或奖励积分，但注意要在玩耍的自然间歇时给予奖励。从一群正在玩耍的孩子中把自己的孩子叫过来，在别的孩子能听到的距离内表扬他，也是很好的时机。

（5）在孩子上学前提醒他用这些技巧在学校与伙伴交往，并根据孩子在校的表现奖励他。

（6）看到电视节目里或其他孩子自然而然使用的良好社交技巧时，立即指给孩子看，也能起促进作用。如"小洁每次洗手时，都是让奶奶先洗，这样做很有礼貌"。但是，不要用兄弟姐妹或同学、邻居的孩子作示范，因为儿童最不愿意把他和其他孩子进行比较。

家长在每次按这些步骤做时，注意孩子可能存在的社交障碍的情境：在与别的孩子进行交往的过程中，如何开始？发生冲突时如何处理？在活动中是否与人分享？然后有针对性地一个一个问题去解决。

二、在家庭中建立积极的伙伴交往

家庭是孩子最熟悉的场所，学习交往可以先从家里做起，步骤如下：

1. 鼓励孩子邀请同班同学放学后或周末到家里来做客，要为孩子制订计划：与小伙伴在家中看影碟、动画片，同时吃些小点心，在父母的帮助下制作手工模型等。要求孩子有组织、有目的地玩。

2. 密切监督他们的活动，及时发现那些可能失控的征象，例如：逐渐加剧的打闹行为、骑马游戏、争夺玩具或者说话声调提高；观察孩子出现挫折感和敌对行为的征象，如果发现这些征象，要马上让他们停止游戏，可以问些其他问题，转移他们的注意力，或者换个地方玩。也可以稍微休息一下，吃些小点心。

3. 在孩子与小伙伴玩耍时进行录像，录像提供了孩子行为表现的视觉图像，这对多动症儿童来说非常重要，因为他们常常意识不到他们与伙伴玩耍时是如何对待别人的。其他孩子走后，和他一起回放录像。在回放录像时切记保持积极而肯定的态度，首先指出孩子在玩耍中的好的方面，予以表扬。然后，指出孩子尚有一或两种不恰当的行为，让录像起到教育作用，教会孩子应该怎么做来代替不恰当的行为。但不要用讽刺的口吻批评或惩罚孩子。家长放录像后，赞扬孩子的积极参与并奖励他。

4. 如果孩子存在攻击行为，应关注孩子所看的电视或电影是否有暴力情节，许多儿童节目（包括卡通片）中的暴力情节对于多动症儿童来说起了示范作用，他们可以通过模仿而增加攻击行为。在与孩子一起看电视时，可以适时指出哪些攻击行为是不恰当的，不受其他孩子欢迎的。同时父母要注意，平时对孩子不要采取辱骂和体罚，这样会造成孩子效仿。

三、在社区建立积极的伙伴交往

取得在家接待小伙伴的进步后，可以把交往范围扩大到邻居、社区，也可以和单位同事协商，星期天几家孩子互相做客，增加孩子的交往技能。可以按以下方法去做：

1. 让孩子加入适合他年龄的有组织的活动，一般社区、居委会有这类活动，如踢球、运动、兴趣小组或登山等，这些是在成年人监督下的有组织的活动，可以避免孩子的失控行为。

2. 多动症儿童适合于参加范围较小的小组活动，如果参与活动的孩子太多，监管不力，孩子会有较多的麻烦，引起社交挫败感。不要组织他们玩涉及大量比赛内容的活动，这些活动会引起情绪激动，增加失控行为。

3. 安排一些被动活动和静坐的时间，逐步培养孩子的安静行为。

4. 尝试安排一些合作的活动，例如，组织一组儿童一起装配一个模型、搭建一个宿营地或炮台，进行简单的科学实验或一起做手工。每个孩子分派一项特别的任务，大家合作才能共同完成活动；活动结束后小组成员一起分享成功的喜悦。儿童通常在参加这种活动后会产生积极反应，小组成员之间的关系会更加融洽和亲密。

5. 如果多动症孩子已经加入消极的、攻击的或反社会行为的群体，应该尽最大可能把孩子与那个群体隔离开来，可以转学或搬家，让孩子接触有良好社交关系的团体。研究显示，让孩子接触好的伙伴可以大大减少出现反社会行为和犯罪的危险。

四、帮助孩子改善学校里的伙伴关系

学校的课间休息和自由活动时间是社交的主要场合，这时处于无人监督的状况，孩子们经历了一节课的学习，都需要释放，小伙伴之间个性各异，互不相让……这些原因造成多动症儿童在课间和同学之间容易发生冲突。家长可以尝试用以下方法帮助孩子：

1. 取得老师的理解和帮助，尽量不当众批评、惩罚孩子的不良行为。老师的批评无形之中会影响同学们对他的看法，导致同学的疏远、嘲笑、拒绝，使儿童与伙伴相处时的问题增多。

2. 请老师在其他同学在场时给孩子安排一些具有特殊责任的事情（例如收作业本、负责关窗等），这样做可以使其他孩子以积极的眼光看待他，增加被同班同学接纳的感受。

3. 同老师一起制订行为评价卡，列出孩子有社交问题的不同时间，如早上到校、课间休息、午餐、课外游戏时、班级活动时等，每天使用一张评价卡，评价 2 ~ 3 项希望孩子使用的社交技巧。请老师在看到孩子运用社交技巧时在评价卡上打钩，老师还可以在评价卡的后面写上评语，表扬孩子的良好行为。在学校得到的分数回家后可以换取在家中的奖励。

4. 必要的话，需要使用药物治疗，通过减少多动症儿童过度的破坏性活动来增加积极的伙伴交往。

总之，帮助有社交问题的多动症儿童是件困难的事情，制订目标要合理，要循序渐进，要寻找各种时机让孩子进行积极的伙伴交往，避免导致社交失败的处境。在培养儿童的社交技能时，也可以采用认知行为治疗的技巧。

第四节　如何应对小伙伴的欺负取笑

一、欺负行为

欺负行为是一种重复发生的躯体的、语言的或者心理的攻击行为，意在伤害、羞辱、孤立或威胁弱小的一方。欺负行为包括身体欺负，如打人、踢人；语言欺负，如威胁、羞辱、讽刺、骂人、起外号；心理（或关系）欺负，如社会排斥、说闲话、传播谣言等。

大约30%的学龄期儿童被卷入欺负行为，根据欺负行为的实施者和对象可分为欺负者、被欺负者、欺负-被欺负者三类。

1. 影响欺负行为发生的因素

（1）年龄：年龄小是欺负行为发生的危险因素，中小学生中，低年级欺负行为的发生率比高年级高。

（2）性别：男孩发生欺负的风险比女孩高，男孩常发生身体欺负，而女孩更可能发生语言欺负。

（3）家庭社会经济水平：较低的家庭经济水平可能会增加孩子成为欺负者或欺负-被欺负者的风险。

（4）性格特点：欺负者、被欺负者、欺负-被欺负者有其各自的性格特点：①欺负者更暴躁、冲动、不能容忍挫折；处理社会信息有困难，常认为其他人的行为是有敌意的；缺乏解决问题的技巧，学业成绩较差；②被欺负者更敏感、安静、谨慎、焦虑、缺乏安全感；交流和问题解决的技巧较差，缺少朋友；自尊心低；③欺负-被欺负者主要表现出多动和注意问题；低自尊、高神经质、解决问题的能力较差，属于最不受欢迎的一类。

（5）家庭教养方式：欺负者的父母更多采用独裁、严厉惩罚、不支持、打骂、忽视的消极教养方式；支持孩子自主权、参与、支持和监督的教养方式会显著降低欺负行为；但过度保护会使孩子缺乏自主权和主张而增加被欺负的机会。

（6）学校环境因素：欺负行为的发生与学校文化有重要联系，学校是否有反欺负的措施，在一定程度上影响着欺负的普遍性。不同的学校风气和学校准则也在不同程度上影响着儿童欺负行为的发生。此外，课余时间监督的教师越多，欺负的发生率就越低。在欺负环境中，教师对欺负的态度和行为，也影响着欺负行为的产生。

（7）多动症儿童由于自我控制能力差，常常动手动脚，容易引起和同学的冲突，一旦发生冲突，又不善于调节情绪，怀恨在心，成为欺负者。其特有的临床表现，如学习困难、成绩差、多动、不守规则，使得老师和同学不喜欢他们，所以也更容易被欺负。研究表明患有多动症的儿童，发生欺负与被欺负的比例均较高，是一般儿童发生欺负风险的 2 ~ 3 倍。

2. 欺负行为对儿童会造成怎样的后果

欺负者和被欺负者都处于近期和远期的适应困难中，会出现多动、情绪问题、品行问题、同伴关系问题等。具体表现如下：

（1）欺负者：接近 30% 的欺负者有注意缺陷多动障碍，12.5% 有对立违抗、品行障碍，12.5% 有抑郁；青少年期易于出现饮酒和其他物质滥用。成年后可能工作表现差，出现交通违规、刑事犯罪、家庭暴力等。有研究发现若一个成年人在儿童期是欺负者，他的孩子也可能成为欺负者。

（2）被欺负者：可能发生焦虑、抑郁障碍，女孩尤为严重；还可能发生进食障碍，出现恐惧感、孤独感、被遗弃感以及自杀意念。有的孩子被欺负后经常旷课、学习成绩下降。害怕去学校，出现躯体化症状，如早上头痛或胃痛；入睡困难、梦魇等。成年时，更容易出现抑郁、低自尊。约一半的被欺负者成年后人际关系不良；他们可能会对社会实施报复行为；此外，被欺负者会过度保护他们的孩子，阻碍孩子发展解决问题的技巧，使他们的孩子也处于被欺负的高风险中。

（3）欺负 - 被欺负者：这些孩子常有低自尊和消极的自我形象。有 21.5% 患有对立违抗、品行障碍，17.7% 有抑郁，17.7% 有注意缺陷多动障碍。欺负 - 被欺负者中对立违抗、品行障碍和抑郁症的发生率比单纯的欺负者高。青少年期更容易出现饮酒和物质滥用，成年时可能会有较多的精神障碍。

3. 治疗和干预

（1）社交技能和情绪管理训练：对儿童进行社交技能和情绪管理训练，学会控制冲动来改善他们的伙伴关系。近年来情绪管理训练作为综合性干预欺负行为的有效措施被广泛应用，详见本章第二节第五部分。

（2）自信训练：自信训练可以帮助孩子学习如何有效地回应欺负行为，家长可以每天花一点时间与孩子交谈，让孩子讲一讲他今天经历的事情以及他的观点和想法，分享他的成功。教会孩子在日常生活中练习自信技巧，例如通过与同学交谈找到解决问题的方法；在面对他人挑衅时能使用自信，例如握起拳头说："你小心点"来回应欺负行为。发生严重的同伴冲突时不要忍让，要理直气壮地寻求老师、同学的帮助。

家长可以从生活细节中培养孩子的自信，例如鼓励孩子对安全的陌生人打招呼；在外面玩时，可以让他问旁边的阿姨现在几点了，然后跟她说谢谢、再见；早上可以给孩子几套衣服，让孩子自己挑选穿什么衣服；或者说几样菜，让孩子自己选择吃什么；当孩子通过努力完成了一件事情，或者交了新朋友、学习有进步等，要及时给予鼓励，让生活中的点滴自信渗透到孩子的脑海里。

二、应对小伙伴的取笑

随着孩子慢慢长大，他们会发现语言是一种很有力的工具，在探索社交环境和与同龄人相处的过程中，孩子的社交技能还没有达到自己需要的水平，也不理解嘲弄、取笑的伤害。因此，他们看到与自己不一样的地方，就会用取笑来区别自己和他人，这是不可避免的。孩子之间的取笑、嘲弄存在三种情况：①试探友谊：玩笑、嘲弄有时仅仅是孩子之间检验彼此关系是否密切、情感上能否自控、对群体是否忠诚或者能否解决社交冲突的一种方式，尤其是男孩子的群体更是如此。在进行时，大多数孩子其实是无意识的，这只是孩子间社交能力成长的一种互动。②社交攻击：有的孩子受到了同伴的羞辱、拒绝，感到社交失败，为挽回失去地位和声誉的局面，采用取笑、嘲弄来攻击他人，其实质是从他人处找回自尊的一种试探。男孩子和女孩子都会使用这种攻击形式。③博得认同：有时取笑、嘲弄别人是炫耀自己的能力，博得大家认同的一种方式。这几乎是不可避免的。这个问题处理的好坏直接关系到以后孩子在群体中的处境。如果处理得不好，就会不断受到嘲弄并使冲突升级，也可能会失去伙伴。父母们可能无法阻止孩子被别人嘲笑，但是你可以教孩子如何面对别人的嘲弄。

家长在面对孩子被人嘲弄时，常常让孩子忽视那些嘲弄："不要理他"，其实忽视根本就不起作用，对方发现被取笑者的软弱可欺，反而会增加嘲弄的次数。多动症儿童常用的方法是气愤地、充满敌意地忽视或报复。其结果是被同学排斥或欺负，成为欺负／被欺负者。

心理学家发现处理嘲弄的最好方法是"适应"，对嘲弄报以微笑或者嘲笑对方，把被嘲弄变成玩笑，接受事实但尝试制造更多的幽默方法来应对。同时让孩子不要表现出自己被那些嘲弄的言辞伤害了感情。可以用中性的或幽默的话对付小伙伴的不友好的取笑、奚落。比如一个孩子说话声音像女孩，同学叫他"娘娘腔"，他很苦恼。你可以教他用开玩笑的态度化解，例如轻蔑地说："这个外号老掉牙了""我听得耳朵都起茧了""你不能说点别的吗？"；也可以运用自嘲，和其他孩子一起笑话自己，甚至接受自己的缺点，比如，如果孩子被小伙伴叫做"笨蛋"，他可以这样进行回应："我不是真的笨，我只是在学你的样子罢了。"这种应对嘲弄的方法比忽视、生气或者敌对地做出攻击反应更为有效。久而久之，取笑者发现并没有从恶作剧中获得预期的效果，也就自然而然地消退了。

特别提示

年龄比较大的孩子，觉得行为治疗奖奖罚罚是小儿科，根本不感兴趣。认知行为治疗通过转变不合理信念来纠正不良行为，让孩子知其然并知其然所以然。训练儿童青少年自觉地按照步骤去做，将习得的处理问题方式逐渐变成自己日常的行为方式，帮助孩子改善伙伴关系，应对欺负取笑，将受益终生。

第七章

和孩子一起
度过青春期

多动症孩子进入青春期，父母们面临着更严峻的挑战。为帮助多动症孩子度过青春期，我们一起讨论下列问题。

第一节　解决亲子冲突

青少年期是走向成熟之前的过渡期，是一个心理上渴望独立但又依赖的矛盾时期，他们与家庭的关系逐渐疏远，不再事事听命于父母，特别是对父母一些强制性的命令表现出强烈的反抗意识，经常与父母为生活中的各种问题发生或明或暗的冲突，甚至故意对着干。其实质是青少年想要自己做出决定与父母要维持权威的矛盾。即使是和睦家庭，这种冲突也时有发生。对于多动症的家庭来说，这些问题就更为严峻。

一、多动症孩子青春期的特点

随着年龄增大、生理的成熟，多动症孩子在注意缺陷、冲动、多动方面有较大的改善，但自我控制能力仍落后于正常青少年。他们在情绪上比正常青少年更易波动，对最轻微的批评或者任何他们认为的批评都做出防御反应。他们渴望独立，但对独立所要承担的责任准备不足。他们可能面临学业的失败、人际交往的失败，孤独、抑郁、自尊心低。这些问题成为父母关注的焦点，构成了家庭冲突的基础，有时会让家庭陷入危机。

要想帮助孩子度过青春期这一发展阶段，父母面临的挑战是：既要解决冲突，尽量避免破坏与孩子间的融洽关系，又要为孩子走向独立做准备。

多动症青少年与父母冲突的常见问题：

1. 不能遵守与父母协商好的约定，不遵守家规、校规，这既有冲动、缺乏自控方面的问题，也有逆反心理的问题，两者相辅相成。

2. 由于学习难度的增加、课程的增多，一些多动症青少年学业水平滑坡，继而对学习失去兴趣和进取。他们会通过其他途径去寻找自尊，如：上网、结交不良伙伴、打架斗殴等。

3. 冲动使多动症青少年表现出不能耐受挫折、行为不计后果，他们与父母争论时急躁、出言不逊，常被误解为不尊重父母，引起父母的愤怒和敌意情绪，并逐渐形成恶性循环。

二、解决亲子冲突的办法

改变父母不合理的信念　许多父母把孩子带到心理医生面前，对医生说，请你教育他，让他晚上按时回家，好好学习，不和父母发脾气……，以为医生（权威）的一句话就可以解决你在家讲了千百遍也解决不了的问题，这是很天真的想法。事实上，解决冲突的关键，是父母本身态度的转变。

做父母的要理解青春期孩子的变化，要求孩子百分之百的执行和微笑着服从是不现实的，如果父母的期望过高，就会经常感到失望、沮丧和气愤，这种情绪会阻碍父母有效地、理智地处理青少年的行为问题，很容易失控，使自己做出后悔莫及的事情。

要求孩子像儿时那样听话是一种不合理的信念，会导致父母非理性的情绪，这种情绪会影响父母正确处理孩子的问题。因此，转变父母的不合理信念，是解决问题的第一步。心理学家采用认知疗法 ABC 理论帮助来访父母调整情绪。这里 A 指事件，B 指事件导致的信念，C 指结果。我们运用 ABC 方法分析一下：

A. 事件：孩子周末出去玩，晚上 12 点多才回来；

B. 事件导致的信念：父母认定他是和不好的朋友在一起，肯定会学坏；

C. 结果：对孩子的失望使父母很生气。

父母生气的原因是信念 B，现在尝试改变一下：

孩子外出没有按时回来，他不过是玩得高兴，忘记了时间。这样考虑就会导致理性的结果：冷静下来，和孩子制订按时回家的规则。

下面列出一些常见的不合理期望和歪曲信念，家长们对照一下自己，是不是有这些不合理的信念：

• 他没有按时回家，准是和社会上的不良少年在一起，他会受别人引诱学坏，酗酒、吸毒……

• 她和一个男生聊天，她一定在早恋，她会怀孕、堕胎……

• 他不完成家庭作业，就考不上大学，找不到工作，将来生活在社会底层……

• 他讲话不尊重我，证明他眼里根本就没有我；

- 他把音响开那么大，就是要对抗我对他的批评；
- 我们为他付出了那么多，他一点也不知感恩；
- 她这么大了，还一点也不懂事，我像她这么大的时候，早已……
- 如果我不管孩子，他的一辈子就毁了。

然后试着转变一下自己的不合理的信念，你会体会到，自己的焦虑在减轻，孩子的态度也会缓和。面对多动症孩子所带来的烦恼，要经常运用这种认知治疗技巧，转变自己偏激的、不合理的信念，平静地面对所遇到的问题。

有这样一个家庭，为了让儿子学习好，父母不惜金钱，让孩子进入重点中学，又买计算机、又请家教，儿子对此却不以为然。父亲一提到择校费（通常是在训斥中提出的），儿子就表现出不耐烦，父亲认为儿子对他不尊重，因而非常生气。治疗师让父亲说出自己的想法，父亲认为孩子应该理解父母的苦心，对父母的付出表现出深深的感激，他顶撞父母就是不服从和不尊重。治疗师让他考虑一下，别的孩子是如何表达他们对父母的感激之情的，你处于青少年期时是如何表达对父母的感激的？经过和其他家长交流，阅读关于青少年心理发育的资料，和孩子沟通，父亲转变了观念：孩子是爱戴和尊重父母的，只是很少表达出来而已。

三、学习有效沟通

孩子小时候，父母习惯于用命令的方式进行管理，孩子对外面的世界缺乏了解，觉得妈妈爸爸说什么都是对的，这时候管理孩子一般没什么困难。但是随着孩子长大，社会阅历增加，他们有了自己对世界的看法，学会了批判性思维，妈妈爸爸的话就没有那么灵了。如果父母认识不到这一点，依旧用命令的方式管教孩子，孩子就会抵制、对抗。许多家长抱怨孩子不和自己说话，经常发脾气，这并不奇怪。父母与孩子谈话时总是没完没了地说教，其间夹杂着伤害自尊心的、指责的、讽刺的和贬低的词语，孩子的反应则是从沉默到甩手而去，甚至辱骂父母或者大打出手，这种消极的沟通方式常常把父母激怒，难以保持冷静和理性，结果造成更严重的冲突。

做父母的要学习积极的沟通方式。有效的沟通，可以促进亲子之间发展爱的关系，使家庭关系更加巩固。在与青少年沟通过程中，父亲要逐渐成为主角，承担起教育青春期男孩的任务，毕竟男人和男人之间会有更多的话题，孩子更崇拜父亲，所以父亲要担任孩子的引路人。

1. 注意事项

在家中营造一个有良好互动关系的氛围，家人能够把感受到的爱和所怀有的善意恰当地表达出来，做到：

- 父母亲在管教孩子方面要言行一致；
- 传达信息时要清楚明了；
- 批评孩子的内容要合理、实际；
- 能够接受孩子的不同意见和看法并乐意与孩子讨论。

2. 有效沟通的技巧

第一种技巧：倾听。作为父母，在与孩子进行交往时，要表现出对孩子的话题有兴趣：

- 说话时要注视对方的眼睛，身体前倾；将注意始终集中在谈话的内容上；用点头、微笑表示你理解对方的想法；
- 注意孩子的非言语信息，例如说话速度、音调变化、目光及身体动作；
- 让孩子能把自己的话说完，不要轻易地给出任何判断和批评，尽量站在孩子的立场去理解他所要说的话；主动倾听，父母可以获得关于孩子的不少信息，了解对方的想法和感受；
- 当孩子说完话以后，要将所听到的话的感觉反馈给孩子，一方面可以澄清听到的信息是否正确，使孩子有机会来澄清误解。另一方面，可以使孩子感受到父母是了解他、尊重他的。即使不赞同对方的观点，仍要保持尊重的态度。

倾听可以在就餐时、共同运动时、一块散步时、心情高兴时进行，要找到双方都认为可以接受的机会。倾听就像孩子小时候设定亲子游戏时间段一样，能达到融洽彼此关系的目的。

第二种技巧：用语言表达情绪和感受。有些孩子不善于用语言表达自己的情绪和感受，他们常常用行为表达，例如对父母的说教不感兴趣，就把门一关，把父母关在门外。父母可以采取以下步骤：

- 以明确的语言要求孩子说出他的观点；
- 将自己的观点反馈给孩子，以商量、求证的方式促进彼此的交流；
- 用语言表达自己的情绪和感受；
- 鼓励孩子用语言表达他的情绪和感受。

第三种技巧：改变沟通方式。下表列出了常见的消极的沟通方式和一些改进方法，对照你的家庭看看是否有这些情况：

父母消极沟通方式和积极沟通方式的建议

消极的沟通方式	积极的沟通方式
与孩子之间缺乏目光接触	保持良好的目光接触
要求、命令的口吻	商量、平等的口吻
不断唠叨	问题只说一次，孩子重复了就表示听见了
用挖苦的语调说话	用平静的语调说话
发牢骚和抱怨	协商的口吻
生闷气	说出自己的感受
发脾气，"失控"	默数 1～10 或出去走走
不听孩子的意见	倾听并试图理解他
打断对方的话	轮流说话，话语简短明了
说教/讲大道理	简单直接地表达要求
总是批评	指出优缺点
对小错抓住不放	抓主要矛盾，忽略小事
翻旧账，从一件事扯到另一件事	就事论事，只围绕现在的问题
从坏的方面揣测孩子的想法	询问孩子的感受

孩子消极沟通方式和积极沟通方式的建议

消极的沟通方式	积极的沟通方式
颐指气使，不会平等地与家人交往	商量的、平等的口吻
嘲笑父母老土	承认自己过激或父母保守的一面
将自己的感觉埋藏在内心	说出自己的感受

消极的沟通方式	积极的沟通方式
用行为表达不满	用语言表达意见
受到批评时进行辩解	仔细倾听，平静地表示不同意见
不承认自己的过错	承认是自己做的，但已经认识到错了
发脾气，情绪失控	默数 1 ~ 10，出去走走

3. 尝试改变沟通模式

然后，和孩子一起讨论，试着双方改变一下沟通模式。

首先与孩子讨论消极沟通带来的危害：例如：冒犯对方、导致反击和报复等。先从自己的消极沟通习惯开始说起，承认自己在沟通方面没有随着孩子的长大与时俱进，承诺在以后与孩子交流时要试着改变。

接着，建议大家应用上表中列出的方法用更积极的方式沟通。在这个过程中，要强调不是让孩子压制自己的感情或隐藏生气的情绪，而是尝试在不冒犯父母、不伤害父母感情的基础上表达正当的情绪。

每次与孩子谈论问题时，使用一二个这样的沟通技巧。彼此对所使用的沟通技巧进行回顾，展现采取积极的行为时的情境。有时，将谈话录音（如餐桌上的谈话）然后进行复习也很有帮助。当孩子尝试新的交流方式时，应该随时表扬他的努力。

一位父亲和 16 岁的孩子决定解决相互争吵的问题。他们平常在争论问题时只顾表达自己的意见，不听对方陈述，常在谈话中间打断对方，导致情绪激动、气愤和争论不休，最后不欢而散，什么问题也解决不了。在达成协议后，他们努力尝试让对方说完，不管多想插入自己的想法也忍住不说，专心倾听。如果一方的谈话被打断了，另一方就说"你打断我的话了，咱们重新开始吧"。经过几个星期的这种方式的对话，他们之间的争论减少了。

第二节 协商解决问题

面对孩子在家庭和学校所面临的各种问题，最好的解决办法就是一家人时常坐在一起，交流各自的意见和看法，提出解决问题的办法。可以采用问题解决策略，通过协商解决问题。

一、协商的注意事项

事先孩子和父母都要同意采用这种方法，在执行时，要注意以下问题：

1. 作为家长，谈话过程中应一直保持冷静，抱着想解决问题的诚意进行讨论，并对孩子的观点表示兴趣。

2. 讨论的目的是提出意见和接受意见，双方都不是想制服对方，而是找到取得双方都能接受的解决方法。

3. 双方都要有想倾听对方想法的愿望。

4. 讨论要从不引起双方强烈愤怒和伤感情的话题开始谈起。

5. 每次应该只集中在一个问题上，最多讨论两个问题，问题只涉及孩子在一周内的表现。在实施了协商确定的解决方法后，要对效果进行评估，如果效果不错，下周再协商更多的问题。

6. 安排一个人记录讨论的情况，父（母）和孩子可以轮流担任，这有利于方案的执行和效果评估。

二、运用问题解决策略的步骤

1. 问题是什么

告诉孩子，你不赞同他的什么做法，为什么？

例如："最晚在10点前回家是我们商量好了的，可你迟了两个小时才回来，我感到非常生气。"

开始对问题进行定义："我认为你违反了家庭规则"，语言简短、清楚，不要指责、诋毁。

让孩子确认理解了你对问题的定义；理解了之后就继续，否则重复一遍。

2. 有没有解决这个问题的办法

和孩子一起列出所有的解决办法：采用头脑风暴尽可能把你们的想法都列出来，提倡创造性，什么想法都可以，因为并不一定要按照提出的每种方法去做；

不要评价已经列出来的想法；

将这些想法写在记录本上。

3. 最好的办法是什么

（1）轮流评价每个方法；讨论一下，如果按照某个方法去做会出现什么结果？

（2）用"＋""－"对每种方法投票，在记录本每种方法后面记录投票结果；

（3）选择每个人都投"＋"的方法中的一种；可以联合应用多个方法。如果没有一种方法是大家都投"＋"的，就协商出一个折中的方法，如：选择父母之一和孩子投了"＋"的方法，评价这些折中的方法，从中选定相互都能接受的解决方法。

4. 执行这个方案

（1）决定谁做什么、在哪里做、怎么做、什么时候做；

（2）决定由谁来监管方法的落实情况；

（3）标明遵照方法执行和不遵照方法执行的行为各有什么后果（奖励遵照者：表扬、活动、特殊待遇；惩罚不遵照者：批评、扣分、失去特殊待遇）。

5. 方案执行得怎样

（1）检查是否执行了方案，是按照计划进行的吗？

（2）方案有用吗？取得了哪些效果？

（3）有改变方案的需要吗？

（4）如果方案起作用了，要赞扬这个方案："我们家的气氛融洽多了！"如果做得不够好，对自己说"还不错，下周要更努力"。

以下是一个问题解决策略记录

主题：上网

问题是什么：

妈妈：明明晚上回家就上网，我让他做作业，我必须说十遍他才关机，我很恼怒。

父亲：当我回家时发现明明在生闷气，不做作业，妈妈正对他大喊大叫，我很烦躁。

明明：我答应玩完这盘就去做作业，可是妈妈老是唠唠叨叨，弄得我心烦，所以我就不去做作业，让她着急吧。

解决方法和评价：	母亲	父亲	明明
1. 家庭作业必须要先完成	+	+	−
2. 不做任何作业	−	−	−
3. 先玩 2 小时再做作业	−	−	+
4. 一个月内不准上网	+	−	−
5. 除了星期六和星期天，其他时间不准上网	+	+	−
6. 做完作业可以上网 1 小时	+	+	+
7. 做作业中间休息时可以上网半小时	−	−	+
8. 自觉遵守上网时间可以获得积分（换取星期天上网时间）	+	+	+
9. 超过规定的上网时间家长强行关机	+	+	−
10. 在该做作业时，提醒一次	+	+	+

意见一致的方法有第 2，6，8，10 条

落实计划：明明同意每晚 7 点半开始做作业，做完作业上网 1 小时。如果不需提醒就自己开始做作业得 1 分，上网 1 小时准时关机得 2 分，每得 5 分可以换取周末上网 1 小时作为奖励。

方案执行效果：一星期后，方案执行得满意，明明每天主动开始做作业，做完作业后获得 1 小时上网时间。一星期得到了 12 分，星期天可以上网 2 个半小时。他们决定以后还要坚持这个方案。

三、实施问题解决策略的要点

1. 一些年纪较小的孩子不能完全理解问题解决的方法，可以由家长制订计划，再与孩子讨论通过。或者简化问题解决步骤，例如，建立一个问题解决的表，给出三个方案，让他选择。

2. 有的多动症孩子太冲动，问题太多，父母常常试图纠正他的每一句话或每一种行为，结果造成无休止地纠缠在一系列问题中，却一个问题也无法解决。这时注意要抓主要矛盾，明确纠正哪些问题、忽略哪些问题，一个一个地解决。

第三节　制订家庭规则

家长常常使用压制乃至武力来解决与孩子的冲突，试图维护自己的地位和权威。随着孩子年龄的增长，独立性的增加，身体也逐渐强壮起来，于是父母们感到自己的地位在动摇。孩子的对抗、挑衅行为有一个循序渐进的发展过程，开始他们试探着通过不理睬指令或发脾气、争论，迫使父母改变家庭对他的"限制"。当家长们发现不能简单地命令孩子做事时，他们可能很绝望，甚至公开说"我真的拿他没办法"。由于父母的迁就和退让，使孩子的行为得到强化而愈演愈烈。家长们应该牢记，无论什么时候都不要放弃自己监管孩子的权利，首先要改变压制、动武的管理方式，采取民主方法，全家人一起通过协商，让孩子参与做出决定，订立大家都能接受的家庭规则。因为孩子是参加者，了解这样做的理由，有助于自觉地遵守规则。

一、订立规则的注意事项

1. 选择孩子满 12 岁生日或上中学的前几天，或其他有意义的日子，举行一个隆重的步入少年期的仪式，可以买一个有纪念性的礼物祝贺他长大了，让孩子理解这是自己生活、学习的一个新起点，要独立管理自己了。同时和孩子一起协商，制订一个大家都能接受的家规。

2. 订立规则时，要让孩子了解父母有执行规则的决心，父母和祖辈及家庭其他成员要有一致的态度和做法。如果家长在孩子面前暴露出不一致，一个人的决定经常被另一个人推翻，孩子就会钻空子制造分歧或征服某一个人。

3. 如果父母认为这件事是可以协商的，就要允许孩子陈述意见并接受、实施他所提出的意见。如果父母认为这件事是不能协商的，那么父母预先要采取对策，充分铺垫，避免孩子遇到挫折后出现的情绪反应。

4. 规则订立以后，孩子可能依照约定来做，也有可能部分违约，父母应密切注意孩子依从规定的行为并及时表扬，这样才有助于孩子朝积极的方向发展。

5. 当孩子能自己主动遵守规则和协议时，父母应该表扬他的自觉行动。

二、家庭规则的实施

每个家庭都有一些共同生活的最基本规则，这是家长价值观和家规的体现，常见的家庭规则如下：

1. 家庭内规则

（1）不使用辱骂和暴力；

（2）不赌博、不吸毒、不观看不健康的影视节目；

（3）可以表达愤怒，但要尊重家人；

（4）尊重个人隐私；

（5）拿别人东西前要事先得到允许。

2. 外出规则

（1）不吸烟、酗酒或者吸毒；

（2）按时上学；

（3）在规定的回家时间之前到家；

（4）去哪里要告诉父母；

（5）只有在必须保护自己时才可以使用武力解决问题。

经协商与孩子达成共识后，将规则贴在孩子的房间内醒目的地方，经常与孩子一起温习，外出时提醒孩子遵守规则。

三、采取以下措施保证执行外出规则

1. 密切监管 多动症青少年比正常青少年更需要密切的、频繁的监管，家长随时都应该知道孩子在哪儿，要求他告诉家长去哪里，干什么，如果中途改变计划也要告诉家里。走之前提醒他在规定的时间回来，以保证他言而有信，并表扬他每一次的进步。

但要注意不要为了监管孩子而在孩子们的聚会上露面。只要不参加有危险的事情，一般不要过多地介入，否则会阻止孩子独立性的发展。要尊重孩子的权利，也要提醒他们对自己的行为负责。

2. 继续使用奖励和惩罚的方案 在青春期，可以继续采取行为矫正方法建立一种管理模式：遵守家中和外出规则将得到奖励，不遵守将受到惩罚。这些奖励措施要根据孩子的年龄决定，如增加上网半小时，积分以购买名牌鞋、外出游玩等。

3. 保持权威 任何时候都要保持家长的权威，要用严厉的含有强烈愿望的语调来行使权威。十几岁的孩子能够从父母的音调和表情中知道这件事是否能通过协商解决，或必须服从。父母间态度一致、相互支持，行使权威的过程中要坚持到底，即使激起孩子的愤怒也不退让，这对一贯随心所欲的孩子来说尤其重要。

4. 寻求社会支持 如果孩子的行为已经发展到无法在家里协商解决的地步，要及时寻求社会支持。可以寻求亲戚、父母的同事等外力的帮助，最好是孩子的同龄人或是他十分崇拜、信服的对象；也可以寻求社区的关心下一代协会、社会工作者或心理医生的帮助，通过外力的协调，达成低起点的共识，循序渐进地建立家庭的良好气氛，度过青春期。

第四节　对孩子上网的管理

网络游戏成瘾的孩子，会出现许多学习和行为问题，父母常常焦虑万分。这时候切记不要操之过急，任何激烈的手段只会招致孩子更激烈的反抗。我们不提倡"戒网"，而是提倡"健康使用电脑和网络"。

一、制订合理使用网络的协议

可以寻找一些资料，和孩子一起分析上网玩游戏的好处以及过度上网对学习和身体的危害，达成一个"合理使用网络"的协议，包括以下诸项：

1. 逐渐减少上网时间 根据孩子目前每天上网的时间，制订一个计划，逐渐减少上网时间。例如现在每天上网 5 小时，可以定为每天 4 个半小

时，以后每周渐次递减，达到每天上网时间控制在1小时之内。把闹钟放在离计算机稍远的地方，当到了规定的时间时，闹钟的响声会提醒孩子下网，而且他要起身去关掉闹钟，因势利导帮助他按时下网。还可以把上网安排在可控制的时间，例如下午1点开始，而孩子2点要去上学，这样就可以把时间控制在1小时之内。

2. 回避高危情境　高危情境是指能引发上网欲望的环境，如：看见电脑、手机、路过网吧、和喜欢上网的同学交流等。指导孩子回避上网的高危情境：①把电脑搬离孩子的卧室，父母的手机不要放在孩子随手可以拿到的地方；上下学的路上不经过网吧，断绝和昔日网友的网上联系；②当无法回避环境刺激因素时，可采取替代行为，如听音乐、体育运动、阅读小说等。

3. 应对上网欲望　当青少年减少上网的时候，会体验到上网的欲望甚至渴望。对于这种欲望，可以使用下述方法来应对：①采用想象技术，例如想象用一把武士剑攻击这种欲望，或用灭火器扑灭上网的欲望；②把可以信赖的朋友、家庭成员的名单列出来，当有上网欲望时就给他们打电话，以求得帮助。这些欲望无法得到满足，就会逐渐消退。

4. 运用提示卡控制上网欲望　制作一张小卡片：①列出过度上网引发的5个主要问题：例如：睡眠不足、影响学习成绩、引起与父母的冲突、忽视现实生活中的朋友、逃避压力；②列出减少网络使用的5个好处：更好地休息、改善和父母的关系、保证学习时间、有时间结交真实生活中的朋友、寻找新方法缓解压力；③将这张小卡片放在钱包或上衣口袋里，当面临选择时拿出卡片阅读，提醒自己克服上网欲望。

5. 发展替代方法　例如在现实生活中交朋友，获得友谊；参加社会活动，获得成功和自尊等，用以替代以往从上网中获得的强化。

二、虚拟现实治疗

虚拟现实治疗是一种使用虚拟现实技术的心理疗法。家长们可以和孩子一起在家中实施。

准备工作：①首先教会孩子放松训练的方法；②录下一些令人厌烦的刺激声，如哨声、警笛声等；③录下孩子认为生命中最宝贵的事情的音频；

④录下孩子认为沉迷于网络游戏而造成严重后果的音频（家长可以帮助孩子一起分析）；⑤拍下孩子沉迷于游戏造成严重后果的图片，如成绩下降、与家人冲突、健康问题等。

每次治疗分三步：

1. 伴随着轻柔的音乐，让孩子按照放松训练的方法放松 5 分钟。

2. 让孩子观看自己常玩的游戏的情景，如登录界面、经验值、射击场景等（10 分钟），诱发出玩游戏的渴望。

3. 在最令人振奋的游戏场景时，加入令人厌烦的声音，录好的严重后果的音频，播放拍好的不良后果的图片（10 分钟），诱导孩子产生厌恶情绪。

4. 最后播放生命中最宝贵事情的音频（5 分钟），加强或暗示积极的场景。

研究表明，虚拟现实治疗可以降低网络游戏成瘾的严重程度，具有较好的效果。

三、解决心理问题

认真分析孩子沉迷网络的内在的心理原因，例如学习问题、亲子关系问题、人际交往问题、焦虑、抑郁等，对这些问题进行处理：

1. 减轻学习压力：选择一门比较容易突破的科目，把学习成绩搞上去，以提高自信。

2. 运用前面所说的办法缓和家庭冲突，加强亲子沟通。

3. 帮助孩子和一个他所崇拜、尊敬的同龄人建立友谊，提高社交技能；通过这一系列成功，重塑自信。

四、寻求专业帮助

1. **心理治疗**　包括认知行为治疗、团体咨询、动机访谈、家庭团体治疗、虚拟现实治疗等，家长可以根据自己的情况寻求专业医生的帮助。

2. **药物治疗**　患有多动症、焦虑症、社交焦虑、抑郁症的患儿需要通过药物治疗帮助其解决心理问题。

特别提示

　　青春期亲子冲突的实质是青少年想要自己做出决定与父母要维持权威的矛盾。多动症孩子冲动性强，自我控制力差，父母对他们更不敢放松；因此，青春期是一道难过的关。父母切记，只有转变教养方式，尊重孩子的自主，放下自己的权威，才能够和孩子平等对话，才能运用协商的办法，和孩子一起度过动荡的青春期。

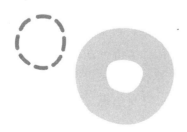

第八章

促进多动症
儿童的学业发展

许多父母最初对孩子的问题可能并不明确，是从老师那儿知道孩子的行为有问题，可见患有多动症的孩子很难适应学校环境。这些儿童的学习成绩常明显低于同班同学，国外报道三分之一以上的多动症儿童至少会留级一年，35%无法完成中学教育，更麻烦的是一半以上的多动症儿童有严重的对抗行为，15%~25%由于行为问题被迫停学甚至退学。

对于多动症儿童表现出来的行为问题，老师们常常采用严厉的管束和命令，面对这种教育方式，儿童会产生挫败感，这使师生关系更加紧张。消极的师生关系对多动症儿童长期适应造成不利影响，使已经很差的学习成绩更加糟糕，削弱他们学习和参与学校活动的积极性，降低他们的自尊，所有这些最终会导致他们厌学。

积极的师生关系能提高儿童的学习成绩及社会适应。有的多动症儿童长大后回忆，老师的关心态度、额外的关注和指导是帮助他们克服心理问题的"转折点"。

这是多动症孩子小嘉的一篇作文，从中可以看到老师对于孩子是多么重要。

五年级来临了，我们班换了一个老师，她常常微笑，对我特别关心。记得有一天她让我去班级小图书馆的书柜里拿《成语故事》这本书，我在那儿发现了一本极棒的书《冒险小虎队》，讲述了三位少年的冒险经历。我藏起了《成语故事》，告诉老师没找到，但找到一本关于冒险的书，而且我很喜欢。其实老师知道《成语故事》就在书柜里，但她没有揭穿我，她觉得我对《冒险小虎队》感兴趣，那就读《冒险小虎队》也没什么不好。读完之后，我写了一篇读书笔记，给老师留下了深刻的印象。她把我的读书笔记贴在教室的墙上，并在我的家校联系卡上写了赞美的评语。我太自豪了——对自己感到满意，我父母也非常自豪，我感到生活是那么美好！在整个五年级，我的表现相当好。我制订了学习计划，自己用彩色笔标出对自己的要求，以便提醒自己专心。

第一节　加强学校和家庭的联系

孩子在学校获得成功的最重要因素是老师，而不是重点或非重点学校、是否硬件齐全或是其他的外在因素。如果孩子的老师有带教多动症儿童的经验，理解孩子需要快乐、成功的学校生活，愿意付出额外的努力帮助孩子，将是孩子成功的重要保证。

孩子入学后，如何与老师沟通，取得老师的协作，共同帮助孩子，成为父母的首要任务。

一、为孩子选择学校

有些父母在为孩子选择学校时，注重学校是不是重点学校，环境和教学设备如何，有多少高级教师，升学率如何。其实这些对孩子都不重要，重要的是，他们对待有行为问题孩子的接纳程度，有没有管理这些孩子的教学体制和经验。可以通过以下方法考察一个学校：

1. 学校是否有心理辅导机构，是否配备了心理辅导老师？教育部2004年发布的《中小学心理健康教育指导纲要》要求在中小学配备心理辅导老师，开展心理健康教育，但是由于师资力量不足，心理健康知识普及率较低，有的学校虽然有心理健康辅导机构，但无专职的心理辅导老师，也没有开展心理辅导工作，这不利于多动症儿童适应学校生活。

2. 班级的规模应该尽可能小，目前我国正在推行小班化教育，但大城市、重点学校仍然有一个班50～70名学生的现象。不要把孩子送入这样的班，班级太大，老师没有精力来照顾、管理多动症孩子。虽然目前达不到像国外15个人左右的班，但至少不要超过40人。

3. 教师们是否接受过多动症、学习障碍或行为问题方面的培训，学校有无行为矫正治疗的理念，包括任课老师在课堂管理儿童的行为问题，以及课后心理辅导老师针对困难较多儿童的集体心理辅导或个别辅导。

4. 学校对多动症儿童使用药物治疗持什么态度？能否协助家长观察药物疗效，是否能在中午或下午督促孩子服药？

5. 学校是否鼓励家庭与学校之间的互动交流？是否欢迎父母定期拜访学校以了解孩子的情况？是否重视家长的参与？老师能否完成家校联系卡？老师是否愿意为孩子花费时间和精力？

6. 在你孩子的班上有多少个有行为、学习或情绪问题的孩子？一般在一个普通班里老师只能应付 2～3 名这样的孩子。如果一个班里多于 3 个孩子有心理问题，最好换一个班。

二、和老师沟通

有的父母不愿意告诉老师孩子有行为问题，害怕引起老师的歧视、同学的嘲笑。其实，即使家长不告诉老师，但孩子的症状是明摆在那里的，他违反纪律、学习成绩不佳会给老师带来麻烦，同样会受到老师的另眼相待，乃至伤害孩子的自尊心，与其那样，不如及早面对。

有些家长抱怨老师对孩子批评、惩罚过多，结果造成老师和父母之间关系紧张。父母首先要审视一下自己与老师的协作态度，注意是否存在敌对情绪，这常常会破坏干预措施的实施，给孩子带来伤害。调整和老师的关系可以从以下方面入手：

1. **尊重老师的劳动**　首先要谅解老师，设想他担负着这么多孩子的教育任务，负载着这么多家长的期望，还有来自学校考评的压力，社会竞争的压力，而自己的孩子由于行为问题，需要老师格外的关照，的确是给老师增添了麻烦。有的老师反映"他今天不来上学，我就轻松了一大半"，做父母的带一个多动症孩子都要做出巨大付出，何况老师？所以尊重老师的劳动，不因为老师对孩子过分的批评而伤心、愤怒，积极地去沟通才是上策。

2. **帮助老师了解多动症**　正如帮助孩子的第一步是你自己得先学习多动症一样，希望老师帮助孩子，就需要老师了解多动症。在与老师的交谈中你应该能够判断班主任老师是否了解多动症，如果不太了解，可以给他提供信息，例如简短的阅读材料、书籍，介绍他登录心理咨询网站等，包括分享本书。

3. 给老师提供适当的建议 在和老师沟通时，可以针对孩子在学校的表现，结合孩子的特点和自己管理孩子的经验，提出一些方法和建议，但切忌用指导、教训的口吻和老师交谈。

4. 积极控制孩子的行为 研究表明行为治疗和药物治疗的联合应用，在疗效上优于单用其中的任何一种方法。如果孩子在学校的问题比较严重，已经影响到课堂纪律和老师的教学，应该考虑使用药物治疗积极控制症状，这也许是减轻老师负担、与老师合作帮助孩子的重要举措。

5. 支持和赞扬老师 当你为孩子找到了一位或多位有责任心的老师，要支持和赞扬她们，尽可能地协助她们，坦诚接受老师的帮助和建议。不仅向老师，而且要向校长转达你对老师的赞许与赏识。这样可以大大增进你与老师之间的关系，增加她们针对孩子的特殊需求和能力来调整课堂教学的积极性。对老师的积极关注可以与老师建立更稳固的关系，得到老师对孩子的更多关注。

总之，父母、老师和治疗团队中的医生、心理学家之间的紧密合作是再重要不过的了，父母在其中起着枢纽作用。

三、多动症儿童入学的时机

多动症儿童经常表现出与他们年龄相比不成熟的特征，不少老师会建议孩子推迟入学，是否推迟上学要根据儿童以下情况综合考虑。

1. 智力和学习情况 在入学前，要对儿童的认知能力做个测评，可以采用韦氏儿童智力量表测定儿童智力水平，一般认为智商 90～110 是正常范围，如果孩子智商较高，在幼儿园和学前班能够学会老师所教的内容，不妨建议他入学，可以通过改善多动症状使孩子适应学校生活。如果孩子智商偏低（特别是低于 80 以下），在幼儿园和学前班不能像其他孩子一样接受教育，最好复读一年学前班，同时进行行为治疗，培养孩子遵守规则，打好学习基础，这有利于入学后学习成绩的稳定。如果不顾孩子的接受能力，盲目把孩子推给学校，使孩子的成绩在班上长期处于中下水平，会损伤孩子的学习动机，后患无穷。

2. 年龄和身体发育情况 如果孩子比同班同学年龄大，或身高高于同班同学，父母会考虑推迟一年入学引起的一些社会问题，例如受到同学的嘲笑等。这时可能让孩子入学为好，可以通过药物治疗提高注意力和自控能力。如果孩子年龄小，身体长得矮小、瘦弱，父母和医生会顾虑入学后药物治疗对生长发育的影响，可以考虑让孩子推迟一年上学，毕竟孩子处于发育阶段，一年后自我控制能力会有所提高。

第二节　多动症学生的学校管理

家庭和学校是儿童主要的生活学习场所，要想让多动症儿童获得学业成功，一方面要加强学校的教育工作，当然也要提升家庭教育的质量。

一、多动症儿童学校管理的一般原则

对于多动症儿童，不论是否采用药物治疗，以下的教育原则都有助于他们的健康成长。这些原则的有关理论基础在前面已经介绍过。

1. 必须坚持正面教育为主，也就是以奖赏和鼓励为主，批评惩罚次之，否则学校会成为令学生讨厌的地方。奖罚必须及时，必须有系统、有组织、有计划。在运用惩罚手段之前，教师首先应该在一段时间里只运用奖励，然后每次的处罚就是取消一些奖励物。如果处罚措施无效，首先要考虑奖励是否有足够的吸引力。多动症儿童对奖励和批评不如其他儿童敏感，所以对多动症儿童，奖罚要适当加大力度，代币奖励对学生整个学习阶段都长期有效。多动症儿童很容易对某些特定的奖励厌倦，所以要不断地变换形式，而不宜过早地放弃。

2. 规章和要求必须简明扼要，并尽可能以图表、墙报等看得见的形式展现出来，提醒学生遵从这些规章制度。

3. 要让多动症儿童了解将要参加的活动，产生对新任务的期待。为了确保学生明白将要面临的任务，在进行一项新的活动之前，要重申纪律和规章，让学生复述规章，包括有关的奖惩细则。

4. 借鉴多动症儿童的家庭管理中提到的一些原则：①保持冷静客观，

教育学生时勿掺杂个人情绪；②保持教育的连续性；③对多动症儿童的要求要适当，不能与正常儿童使用同一尺度。

基于这些思想，运用我们的创造力，就可以设计出对多动症儿童特定的教育管理方略。

二、关于教室结构及课程设置的一些建议

学校与教室环境、教室规则以及课堂作业等各种因素的调整是帮助孩子的重要措施。

1. **教室环境的设置** 教室的座位安排很重要。可以把多动症学生的座位安排靠近讲台，这不仅可以减少其他同学对多动症孩子破坏性行为的关注，而且便于老师监督他，以及迅速方便地给予奖励和惩罚，有效增进课堂的适宜行为。

2. **学习任务应该与孩子的能力相匹配** 对多动症儿童来说，通过不断增加刺激（如颜色、形状、质地）来提高学习任务的新颖性和兴趣水平，可以减少破坏性行为、提高注意力、全面提升成绩。

3. **保持多动症儿童的学习兴趣及动机** 老师应该根据多动症儿童的特点设计授课和作业形式。当布置兴趣性不强或被动性的任务时，应该穿插一些有吸引力的或主动性的任务来充分吸引他们的注意力。换句话说，给多动症儿童一些能够活动的事情去做，例如站起来回答问题、上讲台演算题目，比单纯听课更能调动学生专心，其行为问题便会少些。

4. **学习任务与学生的注意力相适应** 学习任务应该简单明了，布置作业的量应该比同龄儿童减少 30%，完成作业的时间应该比一般学生短些，作业是否正确应该立即给予反馈。

5. **以任务为中心的方式** 小组学习时，采用以任务为中心的方式上课，保持内容简洁并允许学生积极参与，可以提高注意力。装扮成类似演员的老师——活泼、热心、富有感情，比沉闷讲述枯燥内容的老师更容易吸引学生听讲。

6. **将课堂授课与短时间的活动相结合** 这可以减少多动症儿童长时间学习的疲乏和单调感。老师可以尝试在一段学习中间穿插一个小游戏、让大家站起来做几下肢体运动。当看到多动症孩子坐不住时，让他站起来朗读一段课文，这些不仅可使多动症儿童、也可使其他儿童的注意力恢复。

7. 教室日常事务安排 张贴教室规则可以增加秩序感，在教室墙壁上应用反馈图表，展示每个学生在遵守规则、行为及学习方面的表现，也可提醒、督促多动症儿童。

三、多动症儿童的课堂行为管理

就像在家庭教育中一样，正性强化和负性强化也是多动症儿童课堂行为管理的最好策略。这些策略的巧妙组合有助于改善学生的不良行为习惯，促进学习成绩的长足进步。

1. 正性强化的运用

（1）教师的积极关注：作为教师，表扬或者其他形式的积极关注，比如对学生微笑、点头、拍拍肩膀，摸摸头是最基本的关注方法。尽管这些方法不足以解决多动症儿童在校的所有问题，但积极的关注会使学生感受到老师的接纳，对大多数学生都很有效。教师必须把握好什么时候应该表扬和怎样表达表扬，表扬必须及时，还必须注意策略，讲究语言表达的分寸。老师对学生要观察入微，这样才能更多地发现学生的闪光点并给予适度的"正强化"。对多动症学生的认真监管不可避免地会影响对其他学生的关注以及整个课堂的教学进程，有些老师觉得这些学生因行为不当而比其他表现好的学生得到更多的关注是不公平的，甚至怀疑这些学生是否值得特别的关注和管教。一定要认识到多动症是一种心理障碍，而不是简单的顽劣懒散，帮助一个这样的学生正是教师的责任所在。

（2）切实的奖励和代币法：为了使奖励更有吸引力，可以设置给学生某些"特权"，例如做老师的助手，给老师帮忙拿东西，或者做一些其他同学喜欢、羡慕的事。要准备多种可供选择的变换形式，避免他们产生厌倦。频繁的奖励对转化多动症很重要，有些奖励每天可以使用多次。运用代币法进行奖励也很有效，学生很看重学校的奖励。如果学校的奖励不能及时兑现，和家庭奖励系统联合就很必要，这在后面将要述及。看动画片、玩游戏是孩子们喜欢的很有吸引力的奖励，可以在家长控制下使用。

在代币法中，奖励标准的选择很关键。对一般学生，要他们有突出的表现才予以奖励，但对于多动症学生，他们的点滴成绩都需要肯定。学生在长久的失败阴影中哪怕完成了一点点任务，在整日的喧闹中哪怕能保持片刻的宁静都要予以鼓励。

代币法也可用于提高多动症学生的学习效率和作业正确率，每次正确回答问题都可获得奖券，随后用所获得奖券换取丰富多样的奖品，如笔记本、笔、自由活动时间以及野餐、郊游等活动特权。这可以大大提高多动症学生的学习效率。

代币法也可用于集体的教育，集体中的全体成员可以因其中某些个体的表现而获得奖励或惩罚。可以通过班会的形式设定奖罚目标，根据多动症学生的表现对班级全体成员予以加分奖励，这可以激励全体同学一起来帮助多动症学生，督促他遵守纪律，完成任务。当一些人对多动症学生的破坏课堂纪律、恶作剧的行为哄堂大笑或者表演、模仿其不当行为时，可以对整个集体扣分。另一种形式是将班级分成几个小组，每个小组因其表现而获得奖分或者罚分，得分最多的小组可以获得某些特权。这种形式的优点是没有把多动症学生孤立起来，但必须避免多动症学生因其表现不好导致整个小组受罚而遭到同伴责备的情况。

2. 负性强化的运用

（1）忽视：常用于对多动症儿童轻微的行为不当的初步处置，忽视并不是简单的坐视不管，而是教师在发现学生不当行为时注意力的有意撤回。忽视与表扬结合起来效果更好。例如：表扬坐得端正的学生而把目光从做小动作的多动症学生那儿撤回。如果忽视不足以让多动症儿童停下其不当行为，进一步的"处罚"就有必要了。忽视不适用于攻击性和破坏性的行为。

（2）警告：是课堂上最常用的负性刺激，它的效果很不一致。简言之，冷静的、以其他惩戒为支撑的、说话算数的、具体而及时的警告对多动症儿童是有效的。而含糊不清的、重重复复的、延迟的、情绪化的、不以其他惩戒为支撑的"狼来了"式的警告是毫无意义的。警告有时可以用目光接触来表达，将多动症学生的位子靠近讲台，发现他在做小动作时就严厉地看他一眼以示提醒，效果会比较好。一开始就连续一致的运用强有力的"警告"的老师比那些警告力度逐渐升级的老师运用警告的效果更好。

（3）惩罚："惩罚"包括因不良表现而剥夺奖励、扣分或者罚代币，适用于各种情境、各种行为问题。这比单独运用批评警告更有效，也能增强奖励方案的作用。

"惩罚"手段的应用有时可能导致某些负面的效应，下面将要介绍怎么减少负效应。多点鼓励，少点吹毛求疵可以减少"惩罚"的使用，当然也可以减少其负效应。

（4）暂时隔离："暂时隔离"只在奖励方案不起作用的时候运用。常用于那些特别具有攻击和破坏性的多动症儿童。

"暂时隔离"可以采取"社会隔离"，就是把学生置于一个安静的房间，让其独处一段时间。现在一般只是让学生离开奖励活动的场所而不是离开教室；也可以要求学生低头反思（意味着减少他与其他同学互动的机会）。

大多数的"暂时隔离"方案都要求学生在暂时隔离期间按照规定的要求去做，比如保持一段时间的安静和合作。如果不能遵守隔离期间的有关规则，原来定好的隔离时间就要因每一次的违纪而延长。不能遵守"暂时隔离"规则也可以进行惩罚（取消其喜欢的活动和特权）或者在"代币法"中扣分。如果学生不能在规定的时间完成隔离惩罚，让其留校也许是有效的策略。

（5）暂时停学：暂时停学（一般是1~3天）用于对特别严重的行为问题的惩罚，但必须慎用。因为很多学生可能觉得待在家里比学校更为轻松自在。如果学生的父母不具备必要的教育管理技能，暂时停学也是不可取的。

3. 怎样降低惩罚的负面影响　尽管惩罚对转化多动症儿童有效，但如果运用不当就会产生消极作用，例如：行为问题升级、讨厌老师甚至厌学。以下是减少负面影响的几点建议：

（1）惩罚要尽可能少用：过于严厉的惩罚会使学生对课堂产生不满、厌烦情绪，甚至对抗逆反。如果教师错误地使用攻击性的惩戒手段，教师的惩戒就成了学生攻击挑衅行为的榜样。

（2）运用奖惩要及时：如果学生时而表现好时而出现不当行为，可能与奖惩不及时有关。一旦有好的表现，要立即进行鼓励和奖赏，出现严重违纪行为，要立即惩罚，这有助于学生了解行为规范，巩固正确的行为，减少问题行为的发生。

（3）取消奖赏、剥夺权利的处罚比直接运用厌恶刺激的处罚形式（如孤立和隔离）更好。体罚有悖法律和伦理，在学校教育中应严格禁止。

4. 巩固疗效、促进积极的迁移　通过教育训练，学生取得了进步，获得了良好的行为模式。但是在使用奖罚方案的课堂上取得的进步不一定能迁移到其他课堂和课间休息，这是老师和家长都很伤脑筋的问题。

最容易的办法当然是全天候地运用奖罚方案，但这无疑会受到实际条件的制约，比如在课间休息时间就不易开展。采用逐步减少反馈的频率（如逐渐地把每天的奖励改为每周一次的奖励），逐渐以代币奖励替代物质的奖励，有助于疗效的保持。研究发现，突然性地撤销惩罚项目，会导致学生课堂表现的显著退步，而如果逐步地撤离，则疗效可以保持。

经常变换这些奖罚方案运用的时间和地点对于最终撤销这些方案特别有效。学生无法确定何时何地将要实施这些方案，那么最好的办法就是随时随地保持良好的表现。

5. 发挥同伴的作用帮助多动症同学 一般来说多动症儿童的同伴对其破坏性行为的反应常常是负面的，同学们会觉得多动症同学的行为像马戏团的小丑一样好笑而表示轻蔑、疏远；他们也可能对多动症同学的霸道和挑衅行为施以报复，这些都不利于多动症儿童的行为矫正，甚至加剧其行为问题。设想一下，假如班上有个肢体残疾的同学，老师号召全班同学帮助他，孩子们会非常热心地背他上厕所、帮他买饭、替他拿东西。对多动症的孩子也同样，班主任可以召开一个班会，让同学们理解多动症学生的行为并非故意，号召同学们要像帮助肢体残疾同学一样用爱心帮助多动症同学，而不要歧视、疏远他们。鼓励同学们伸出热情之手，用积极关注和帮助促进其良好行为发展。告诉同学们"忽视"多动症儿童的不良行为，也是很有效的一种方法。可以开展"今天我为 XXX 做了什么"的主题活动，同学们会想出很多办法来提醒多动症孩子，同时也可以因其自己乐于助人而得到老师的奖励，这样可以促使他们继续努力，也能确保整个治疗方案的顺利实施。

利用同学们做多动症儿童的"行为纠察官"也很有实际意义。它可以替代教师对学生进行全天候的观察，减轻老师的负担。也可以促进"纠察官们"自身的提高。然而由同伴来实施的教育方案成功的前提是这些同学有能力、也有兴趣学习并且主动执行有关策略。教师需要对他们进行培训和督导，不能放任自流，不能让学生运用歧视态度和惩罚手段对待多动症孩子的不当行为。

四、家校联系方案

在家校联系方案中，教师将多动症儿童的表现通报家长，家长依据老师的评定给予或者取消家庭奖励，这种方法对于大多数多动症儿童是有效的。行为报告卡是一种简单易行的方法，卡上列出一个明细表，在左侧的竖栏中列出有关的行为项目，横栏中列出时间日程，教师对每节课儿童在各项行为上的表现进行评分并填写在相应的空格中，有时行为表现或学习方面有特殊情况，可以采用书面描述的形式，表现得特别好时也可以加以描述。下图是一个课堂行为报告卡，老师们也可以根据学生的不同问题设计家校联系方案，如改善学生的社交行为（分享行为、团结合作），遵守规则（不离开座位、听从老师的安排），学业（完成课堂作业、积极发言）、不良行为（攻击行为，破坏性行为，高声大叫）等。多动症儿童常常不注意老师留了哪些家庭作业，或完成了作业第二天忘记带到学校去交，所有这些都可以进入"行为报告卡"的奖罚内容。

课堂行为报告卡

学生的姓名_____　　日期_____

老师：您好！

请您对学生今天以下各个方面的表现进行评分。评分标准是：5= 优秀，4= 好，3= 中等，2= 差，1= 很差。并请在每栏的下面签名。如有其他的建议请写在卡片的背面。

评价内容	课时						
	1	2	3	4	5	6	7
课堂参与积极性							
课堂作业							
遵守课堂纪律							
与同伴相处							
家庭作业							
老师签字							

　　家长可以根据需要印制一些卡片，学生每天带一张卡片到学校。家长要注意坚持每天早上孩子上学时给他卡片，放学回家后要立即查阅卡片，首先和孩子分享他的成功，讨论他做得好的方面，然后冷静客观地分析他得到的负面的评价及其原因。接着要求学生制订改正的方案，并且第二天早上学生上学时提醒他要记住。根据卡片上得到的评价情况给予代币奖励或者扣除代币。例如，根据行为报告卡，低年级学生获得一个优（5分），奖5个代币，一个良（4分）奖3个代币，一个中等（3分）奖1个代币，而获得一个差（2

分）罚 3 个代币，一个很差（1 分）罚 5 个代币。对于较大的学生，奖罚力度要加大，对应于 5、4、3、2、1 分，如可以分别予以 25、15、5、–15、–25 的奖罚。然后学生用其积累的代币从家庭奖励菜单中兑换其喜欢的活动或者特殊待遇。通过这种方式，几乎可以矫正儿童各个方面的行为。

实行这种方案应循序渐进，首先可以选择几种迫切需要改变的行为，有了好转之后，再逐渐增加。每天对这种行为表现的评价务求全面而客观。具体和客观的评价记录更为有效（如每一种行为出现的频率，因每一种行为赢取或丢失的分数的分值），在评价的项目中至少要有一两项是目前学生能够做得很好的，这样学生在一开始就可以品尝到成功的喜悦。

学生一般整天都待在学校，为了成功纠正学生日常的问题行为，首先我们可以只选择一个学习日中的某段时间进行评价打分，学生取得进步后，评分可以逐渐延展到更长的时间、更多的项目。"行为报告卡"可能涉及多位教师在每堂课上的介入。有多位教师参与的时候，一张报告卡应该为所有的老师留有填写的空格，由学生交老师填写。

这一方案成功的关键在于能够清楚地、始终如一地把教师的报告转化为家庭的奖罚。家校联系方案的优势之一，是可以运用丰富多样的奖励措施，可以是表扬和积极关注，也可以是实实在在的奖品，既可以每天一次也可以以周为单元每周总结。家庭中可以运用的奖励形式和手段常常比学校要丰富得多，而多动症儿童极为需要更有吸引力的奖励。此外，家庭代币方案比课堂训练方案更能减轻老师的负担。所以，老师们大多乐意支持家庭代币方案。

尽管家庭代币方案很有效，但这种有效取决于教师对学生行为的准确评价，也取决于公平而连贯一致的家庭奖励的运用。有些学生试图反抗这一训练计划而不把"报告卡"带回家，他们也有可能伪造老师的笔迹或者故意不让老师记录评价。为了防止此类情况发生，遗失了或者遗漏了的记录，都应该评为"差"，并处以相应的罚分或剥夺特权等。

随着学生的进步，每天一次的报告卡可以逐步减少为每周一次、每月两次、每月一次……最后逐步取消。

对于多动症症状严重且伴有学习障碍、社交困难时，应该增加特殊辅导或心理治疗。可以在这些学生下午放学后参加学校的特殊教育小组辅导，包括学习技能辅导、社交技能训练，有明显的语言表达或运动发育问题的，还可以接受语言治疗或运动训练。

第三节　正确看待孩子的学业成绩

我们先来看看小亮的故事。

在一年级的一次家长座谈会上，老师说小亮课堂作业马虎，家庭作业也经常不交。他的妈妈听后十分着急，她把孩子的学业看得非常重要，觉得成绩就意味着孩子的命运。从那以后，她把全部的时间和精力都投入到小亮的学习上，每天严厉监督小亮做功课，小亮有时不得不含着泪花、满怀怨气地去做大量的作业，稍有出错，妈妈就讽刺挖苦，甚至打骂。渐渐的，小亮开始在放学后回避妈妈，有时在外面玩不回家，作业做完后妈妈要求加做课外题他就说头痛。令妈妈高兴的是，小亮的学业有所进步。但他对妈妈却越来越疏远，拒绝和妈妈亲热。妈妈伤心极了，她向丈夫哭诉：孩子心目中已没有了妈妈，孩子为什么不爱我了？难道孩子不明白学习对他人生未来的重要？孩子以前对我的感情到哪儿去了？

在和小亮的交谈中，心理医生了解到，他确实厌烦妈妈，他说，妈妈所关心的只是他的作业，只是他的学习。当问到他是否对他的学习进步感到满意时，他无所谓地说"那不是我的成绩

单，是她的，这下她满意了"，那种烦恼和苦闷是显而易见的。有次小亮的爸爸来到门诊，他认为妈妈太要强是造成这种局面的主要原因，并表示自己无能为力。

这个案例给了我们不少启示。

一、亲子关系和学习成绩，你要哪个

亲子关系是指在孩子成长过程中父母与子女形成的一种互动的关系，在互动中彼此的需要可以获得满足，彼此的行为与价值观能符合社会、文化的期望与目标。父母们应该认识到：

1. 亲子关系是一种神圣的情感交融和信赖，是维系一切学业成就的基础，不要以任何不必要的、过分的压力去践踏亲子关系。

2. 亲子关系的失败会令亲子双方都痛苦不堪。

3. 学校往往过早地把监管孩子学业的责任交给了父母，这对家庭生活和亲子关系都造成了一定影响。给低龄儿童布置作业，坦率地讲就是给儿童的家庭布置作业，是把作业同时布置给了家长和孩子。家长们只是想方设法地让孩子完成作业，却很少去想想为什么要完成家庭作业？可能反复的作业让孩子记住了知识，却损害了学习动机——繁重的家庭作业是造成儿童厌学的重要原因。要和老师商量，根据孩子的能力适当减免作业。

4. 没有过多的作业，也不一定就能和孩子有良好的亲子关系，就能避免亲子关系受到损伤。亲子关系不是自生自长的，需要父母持续不断地投入爱，亲近孩子，保持理解、关注、尊重和信任。

5. 孩子一天天长大，一天天有了自己的个性，但这也不是一定就要伴随亲子情感联系的弱化。过于强调父母的权威，排斥孩子的不同想法，就会导致亲子感情的丧失。学业功课，虽然确实对于孩子的成长至关重要，但并不是成长的全部。

6. 亲子关系是一种互动的关系，在童年早期，是父母呵护孩子，随着孩子的长大，变为一种朋友式的关系，孩子长大成人，父母日渐衰老，又需要孩子的呵护、尊重。意识到这一点，也许有助于父母和孩子顺利度过青春期。

二、父母应优先关注什么

修复小亮和他妈妈关系的第一步是要弄清楚培养一个健康的、幸福的、适应良好的孩子，父母到底应该优先关注哪些方面？以下是一些必备因素：

1. 父母首先要给孩子提供充足的衣食和安身之所，为孩子提供一个安全的港湾。

2. 让家庭成员感受到彼此之间的需要、关爱、重视、尊敬、呵护，大家都乐意承担自己的责任和义务，这样才有家的感觉，才有那种作为家庭之一员的温馨。家能给予孩子的一是生活和发展的根基，二是人生的动力之源。

3. 要为孩子的品德发展打好基础。也就是说要让孩子受益于家庭成员的德行才智，为孩子的社会化做好准备。

4. 指导孩子学会做人，学会处理与他人的关系。这关系到孩子人际交往的适应和成功。学会等待、秩序、分享、倾听、赞扬、谅解、与同伴合作，这是父母必须要教给孩子的生活技能。如果孩子没有朋友，不能为同伴所接纳，得不到别人的认可和尊重，他们的生活肯定是痛苦的，是黯淡无光的。

5. 培养孩子博爱的精神，每个人都是社会的一个成员，教育孩子要有集体主义精神，并承担自己应尽的义务。尽管军训和学校集体活动对此很有帮助，但作为父母承担着主要的责任，要引导、支持、鼓励孩子融入社会大家庭。

6. 孩子身体和心理的健康和谐的发展，不仅仅是注意饮食，加强锻炼，讲究卫生等等，还要让孩子获得能够自己照顾自己的生存技能，要能够通过休闲、娱乐、业余爱好和体育运动等等来追求快乐，获得幸福和满足。

培养一个孩子的健全人格，远比完成作业、获得高分重要。功课并不是孩子的唯一，获得优异的成绩，考上名牌大学固然值得赞赏，但绝不可强求，为此而损害了亲情，更是得不偿失。

那么面对难以完成的作业应该怎么办呢？心理治疗师在和老师的会谈中，达成了一致的看法，小亮不能完成课堂作业是课堂上的问题，而不是家里的问题。要是这个问题真能解决，也只能在课堂上解决。于是老师对小亮的课堂作业进行了调整，家庭作业也做了相应的调整。

下一步要减轻小亮妈妈监管作业的负担。主要通过两个办法：一是让小亮的父亲也分管一部分作业；二是改变以前妈妈和孩子的单纯以学习为中心的亲子关系。治疗师设计了一些郊游、娱乐活动，在活动中禁止谈论学习问题。鼓励妈妈用赏识和表扬对小亮给以关注。开始时小亮好像对这些措施有点怀疑，随着他慢慢习惯了这些变化，在妈妈面前的焦躁不安、对妈妈的冷淡和逆反开始减退，他开始愿意与妈妈一起活动了，也愿意妈妈观看他参加集体活动和游戏了。妈妈觉得他们的关系已基本恢复正常，重新找回了那种与生俱来的骨肉亲情。父母调整了他们的期望，觉得小亮的成绩处于中等水平是可以接受的。

所以，在追求孩子力所能及的学业成绩的同时，千万别忽视了其他的方面。要让孩子成材，首先要让他学会做人。不要让你与孩子的亲情成为片面追求学业成绩的牺牲品。要正确地对待孩子的学习，对待孩子的成绩。片面追求学业成绩，那是舍本逐末，得不偿失的事情。

特别提示

在这个全民重视学业的时代，要父母放弃对孩子成龙成凤的期望也难，但是对待学习能力有限的孩子，是学业重要，还是心身健康重要，是很明白的道理。多动症孩子仅仅在注意力、耐心方面有问题，但其冲动性可能促使他们在表演艺术或在运动方面表现出众。在某些需要狂热和激情（例如谈判、销售、做生意）的职业，他们可能因其果断、抓住机遇而成功。扬长避短，在完成一般学业的同时，保护孩子的自尊和自信，才是最重要的。

第九章

多动症孩子和家庭

第一节　多动症孩子的家庭特征

多动症儿童不是生活在真空，他们从出生起就处于一个社会网络中，家庭在这个网络中占了重要的地位。以往医学模式的理论、评估、治疗重点都集中在多动症儿童自身的行为上，而忽视了家庭这个重要的环节。多动症儿童的预后（也就是说长大后的结果）很大程度上取决于家庭这个因素。因此，仅仅知道儿童患有多动症是不够的，必须进一步了解与多动症儿童一起生活和接触的人，以及他们和孩子之间是如何相互作用的。

一、多动症孩子与妈妈之间的关系

堪贝尔博士研究多动症孩子和妈妈之间的相互关系，他观察到多动症孩子与妈妈在一起时，和妈妈说话较多，而且什么事都依赖妈妈帮助，他们通过说话和寻求帮助的方法希望得到妈妈更多的关注。多动症孩子的妈妈的话也比正常孩子的妈妈多，其主要内容是同意或不同意孩子的要求，提出自己的建议，以及禁止孩子做某些不合规范的事。也就是说，多动症孩子的妈妈要想出更多的办法来处理孩子的行为问题并对孩子进行控制。这样一天下来，妈妈会感到带这样的孩子特别耗费精力。

而且，研究发现，多动症孩子和妈妈的冲突比正常孩子多。多动症孩子很任性，常常对妈妈的要求说"不"，或者磨磨蹭蹭不去做妈妈要求做的事，这就导致妈妈给予孩子的命令和批评指责多，对孩子良好行为的反馈比其他孩子的妈妈少。当妈妈的忍耐超过了一定限度后，就会爆发冲突，轻则责骂，重则体罚。

这些冲突随着孩子年龄的增长而日益加剧，幼儿阶段孩子与妈妈的冲突较少；孩子上学后，由于在学习上无法达到父母的要求，加上在学校的不良行为经常由老师反馈给家长，会出现更多的亲子冲突；到青春期，由于孩子阅历的增加，他们对妈妈的"唠叨"不屑一顾，妈妈的话就基本失去了效力。

二、多动症孩子与爸爸之间的关系

"孩子在我面前特别不听话，经常顶嘴，和他爸爸关系好些，这是为什么？"经常从多动症孩子的妈妈那里听到这样的诉说，也确实发现孩子与爸爸交往时违规行为较少，而且做作业时间延长。

其原因，可能与传统上妈妈承担了更多管理孩子衣食住行的责任；妈妈主要负责孩子的教育，和老师的接触多，听到的负面看法也多；家庭作业主要由妈妈负责，由于经常承受孩子的不良行为，所以更容易与孩子发生冲突。爸爸和孩子接触的时间少，对孩子的管制少，自然冲突也少些。妈妈喜欢用讲道理来让孩子顺从，但是因为多动症孩子常常不能很好地遵从指令和道理，对表扬也不太敏感，所以这些道理都变成了耳边风。爸爸一般不重复讲道理和发出指令，如果孩子不顺从，常常用体罚来解决。爸爸威严的态度和高大的身材或许对孩子有一定的威慑力，这也许是在儿童期孩子和爸爸冲突较少的原因。但是随着年龄的增长，这种威慑力在逐渐减弱，孩子到了青春期，妈妈管不住了，爸爸开始承担管教的责任，这时候，爸爸如果还用原来的管教方法，孩子和爸爸的矛盾就会日益加剧，甚至发展到家庭暴力、离家出走的地步。

父母在管教孩子方面的这些差异有时会导致父母不和甚至婚姻危机。一项长达 8 年的追踪研究结果显示，多动症父母分居或离婚率比正常对照组的父母高出 3 倍以上。

小恒，10 岁，妈妈经常接到老师的电话，报告他不守纪律的行为，为此她求助于医生，被诊断为多动症并开了专注达治疗，小恒的行为确实好多了，妈妈接到的电话也少多了。小恒的爸爸经常出差，平时不管孩子，每次出差回来都给小恒买他喜欢的卡通书，所以小恒和爸爸的关系很好。当爸爸发现妈妈在给孩子吃药，立即大发雷霆，认为孩子的不良行为都是妈妈迁就、娇惯的结果，在学校表现不好，是老师吹毛求疵，"男孩子哪个不调皮？"他坚决不准给孩子吃药。于是小恒又故态复萌，一次他擅自把同学的MP3 拿回家，被学校处分。为此，家庭爆发了内战，爸爸说："我辛辛苦苦在外面操劳，你却把孩子带成这样，孩子犯错误全是你的责任，你赔我儿子！"妈妈则满腹牢骚："你一天到晚在外面喝酒打牌，根本不知道带儿子的艰辛，孩子有病不让治疗，出了事又怪我，这日子没法过了，离婚，你带着小恒过，我走！"

实际上，问题的症结是爸爸不了解孩子的总体表现，这些孩子在妈妈和爸爸面前的表现是不一样的。父亲如果不相信孩子有问题，最好的办法是让他在一段时间内对孩子的学习和日常生活多负起一点责任，这样他对于孩子的行为问题的看法会与妈妈的看法越来越靠拢。

三、多动症孩子与兄弟姐妹之间的关系

多动症儿童与兄弟姐妹的关系也与其他家庭不一样，多动症孩子喜欢和兄弟姐争执，常常对自己的兄弟姐妹大喊大叫或者恶作剧，所以家庭里的冲突比正常家庭多，这种情况常常在年幼孩子的家庭中更加明显。他的兄弟姐妹常常要忍受这个孩子的破坏行为，或受到欺负而感到愤怒，为他从妈妈那里获得更多的时间和关注而感到嫉妒。当家庭有一个患有多动症的孩子时，整个家庭的关系都恶化了。

四、多动症孩子如何影响和父母的关系

多动症孩子注意力不集中、多动、冲动导致的行为问题经常与父母的要求发生抵触。当多动症儿童完成任务出现困难的时候，家长们忍不住给予更多的指导、建议、控制，乃至最后忍无可忍。即使对多动症儿童没有任务要求的时候，这些孩子纠缠父母、高声喧哗、翻坛倒罐也会使家里人厌烦。所以，抚养一个多动症孩子，父母的恼怒、沮丧、压抑多于正常儿童的父母也就不足为奇了。

有些研究报道，多动症患儿服用药物治疗后，多动症状减轻了，同时，那些来自父母、老师、同伴的命令、要求、控制也减少了，他们之间的关系开始走上良性循环的轨道。由此看来，孩子的问题是冲突的根源，那么为什么说家庭因素在多动症的结局中起重要作用呢？

沃尔克教授提出了儿童心理障碍形成的应激 - 素质模型，强调儿童气质和养育环境的相互作用，他认为多动症儿童的素质特征，即不良行为给父母带来了各种应激事件，导致敏感的父母对儿童采用急躁、控制的养育方式，其结果增加了多动症儿童发生不良行为的危险性。

家有多动症孩子，父母从一开始就感觉到这些孩子不好带，并且采取不少方法来控制孩子的不良行为，当一种方法失效了，就改为另一种方法。随

着行为问题的发展和加重，父母会给予更多的批评和指导，制止冲动、攻击行为。这些指导通常都是命令性的，要求孩子停止做某事。当多动症孩子哪怕是表现出一丁点儿的破坏行为，家长们就会立刻批评指责。由于反复地制止、教育没有效果，父母会有挫败感并恼怒，在发出指令的同时不断威胁、恐吓孩子，当这些方法由于经常使用也失效了，家长们就会采用体罚方法控制孩子的任性行为。尽管儿童在受到体罚后可能会立即按照父母的要求去做，但他们并没有学会父母所期望的良好行为，因此父母必须进一步使用威胁或更重的体罚来维持现状。我们来看看家庭冲突是如何升级的：

华华在做作业，妈妈在一边不停地催促："快点做，快点做，明天算术要小考，做完作业还要做一套卷子。"可是华华仍然按照自己的节奏，翻翻抽屉找笔、找橡皮，哼两句歌……"怎么这道题又错了，昨天刚告诉你的，是猪都教会了！"妈妈说。华华回嘴："那你就是猪妈妈啰，猪婆，老母猪，一天到晚哼哼哼。"妈妈恼羞成怒："我怎么养了你这样的孩子！"并开始数落孩子从小到大给妈妈惹来的麻烦："早知这样，还不如当初扔尿桶里把你淹死！"华华涨红着脸，用头往母亲身上撞"那你打死我吧，打死我再生一个好小猪"。妈妈回应："你还敢打我！"挥手就是两耳光，于是母子俩扭成一团……

中国传统教育观认为"打是亲，骂是爱""不打不成材""棍棒底下出孝子"，在这种文化背景影响下，国人对打骂孩子持宽容态度，总认为愿望是良好的，是为了孩子成材。那么事实怎样呢？

研究者对多动症儿童的父母做了一个调查，分析打骂教育和多动症症状的关系，在104个多动症儿童中，74.6%的父母经常采用体罚的方式，包括打手、打屁股、打耳光，严重时拳打脚踢；85.1%的父母采用责骂的方式，骂的时候使用侮辱性语言，如笨蛋、蠢猪等，打和骂常常同时出现。使用量表评定儿童的行为，发现被父母责打的多动症儿童相比不挨打的儿童不仅攻击、违纪行为得分高，而且躯体主诉、焦虑/抑郁得分也高。这些儿童中有45例共患对立违抗障碍和品行障碍，占39.5%。父母每周打孩子两次以上是孩子出现对立违抗障碍的危险因素之一。

究竟是孩子的问题严重导致父母打骂，还是父母打骂导致孩子问题加重，尚不能下断言，但至少是互为因果的关系。这样说并不是将孩子发生对立违抗的责任都加到父母头上（还有学校因素，同伴因素，社会因素等）。仅仅是提示，父母与孩子的关系能够影响孩子行为问题的严重程度和孩子的心理状况。

有些父母在反复教育却不能解决问题后向孩子屈服，干脆直接帮他们做了需要完成的任务，例如直接告诉题目的答案，甚至帮孩子做作业；或者是简单地放弃，认为孩子不是读书的材料，把学习任务丢在一边，任由他自由发展。父母对孩子的不良行为放任不管，孩子的正确行为得不到强化，不良行为却在被强化，促进了行为问题的发展。有些家庭，家长们对孩子们不良行为的处理方式，常常根据自己当时的心情来决定，有时完全不管不问，有时又过度严厉。

凡此种种，都推动着孩子从幼小时行为的失控，向着违反社会道德规范的道路发展。类似小驰这样的例子我们屡见不鲜，其结果是，孩子一步步走上了远离父母、对抗、甚至违纪违法的道路。

这里我们看到，孩子的行为和父母的管教之间存在着一种恶性循环：

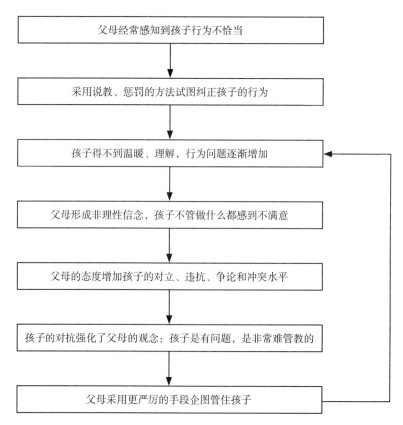

五、父母本身的心理压力

毫无疑问，多动症患儿的父母在养育多动症孩子过程中所承受的压力比正常孩子的父母要大得多，来自外界的压力，来自家庭的压力，来自自己的压力，使父母们喘不过气来。

"在工作上，我可以管理几百个员工，运筹帷幄、游刃有余，可是面对这个不听话的孩子，我却束手无策，他有时简直让我发疯，我常常害怕自己会伤害了他，我已经不知道如何对付他。"一位妈妈向我们诉说。

对于多动症孩子的不良行为，来自社会的看法是：道德品质不好，习惯不良，而这一切，是因为父母的管教不当。父母们感到很难得到别人的谅解，所以他们避免与家庭外的其他人交往，不愿意带孩子到公共场合或者参加集体活动，害怕带来厌恶和不愉快；他们不愿意去见老师，害怕听到的又是对孩子的抱怨。结果形成了一个孤立的社交环境，使自己的心理健康受到损害。

父母们无法获得来自家庭的鼓励、帮助、温暖，经常因为孩子的事发生争执，给夫妻关系甚至他们的婚姻都带来了阴影。

有的妈妈说经常感到心情沮丧，以泪洗面，常常自责，认为自己不配当父母，自己没有管理孩子的能力，感到无助，很少与其他人交往，甚至患上了抑郁症。往往是孩子的行为问题越严重，这种压力就越大。

读完了以上内容，请父母们思考一下，你对孩子的良好行为是怎样反应的？对不恰当的、违反规则的行为又是怎样反应的？是否因为你的不恰当的反应导致了孩子不良行为的加剧？如何打断这种恶性循环？遗传基因或者脑损伤这些因素是无法改变的，可是，我们可以改变孩子所处的环境。具体来说，改变环境的第一步，就是改变自己的教养态度，解决问题的钥匙在你自己手中。如果读了本书的父母，愿意去改变自己，按照本书提供的管理多动症孩子的方法一步一步去做，你会看到，你和孩子的关系会改善，孩子的行为问题会减少，这不仅仅是帮助孩子，同时也是帮助你自己，甚至挽救整个家庭。

总的来说，不要放弃做父母的责任。孩子是自己的，除了父母，没有任何人会付出这么多爱来帮助你的孩子。孩子是无辜的，是一棵需要呵护的幼芽，只要你用心去呵护，孩子的点滴进步可以带给你很大的满足，可以教会你应对其他压力的能力。学习用科学武装头脑，管理孩子，你会发现培养多动症孩子的压力在逐渐减少。

第二节　运用问题解决策略管理家庭事务

前面已介绍了运用问题解决策略帮助孩子提高自控能力。现在我们把这种方法用在管理家庭和调适自己。解决问题是一种能力，当你遇到新问题而感到无所适从时，无论是孩子的问题、家庭的问题、还是自己的问题，都可以尝试运用这些策略去应对。你和你的丈夫（妻子）或整个家庭、朋友共同来对付困难，效果会更好。问题解决策略的实施方法如下：

第1步：问题是什么

解决问题之前必须清楚地了解问题是什么？例如，遇到的问题是"我的孩子撒了谎"，这还不够具体，如果更明确地定义问题："我的孩子在我责备他做错事时撒了谎"，这样问题就会清楚起来，孩子并不是在任何时候都撒谎，只是在发生不良行为害怕受到责备时才撒谎。然后要对这个问题进行分析，消极地对问题下断言说"我的孩子是个不诚实的人，他长大会变坏"会搞得自己很沮丧。现在试着从积极的方面看待这个问题："我的孩子是诚实的，当我问他做错事的原因时，他会告诉我事实"，这样目标将变得很清晰，使自己明白想解决什么问题。

第2步：有没有解决这个问题的办法

现在运用你的创造力，尽可能多地列出你所能想到的解决问题的方法，例如：自己过去是如何对待这些问题的？同事、朋友、邻居是如何解决这类问题的？在电视、电影里看过的有关此类问题的处理方法，以及从书本上获取的有关信息，心理学家的建议等等。无论这些方法看上去如何不可行，甚至是你并不赞同的方法，都可以列出来供选择。

第 3 步：最好的办法是什么

评价上面所想到的解决方法，列出每种方法会产生什么作用，若这样做了会产生什么结果？评价要合乎情理和公平，不要因为这个方法看起来根本就没用而放弃。在对每一个方法评估之后，由差到好按照从 1 到 10 的顺序排列出来。

一般来说排在第 10 位的自然会是最令人满意的方法，如果有几个方法都令人满意，可以重新对这几个方法进行评价，考虑哪一种方法应用到孩子身上最有效？最后从中选出一个作为下一步执行的方案。

如果你和你的丈夫（妻子）或家里其他人都能参加协商，大家可以一起提出方法，听取他们的意见后做出选择。如果意见不一致，谁也说服不了谁，那你就让步！你可以和家里人一起配合执行某方案一个星期，若无效果，再选择其他方法。

第 4 步：执行这个方案

在选中的方法上打个圈，然后决定如何执行这个方案，谁做什么、在哪里做、怎么做、什么时候做，谁来监管方法的落实情况。

制订了方案就要坚持下去，孩子的问题不可能在短时间内得到改变，不要因为刚开始时的困难而终止，一定要坚持下去。

第 5 步：方案执行得怎样

在方案实施一星期后，要花些时间考察是否执行了方案，并对执行的结果进行评估。如果方案起作用了，就尽力继续下去；若结果不太好，就回过头从你列出的方法中再选一种，因为任何科学实验都有失败的可能，不要由于第一个方案不太有效而自责，可以鼓励自己"还不错，我尽力了"。

要孩子改变他的行为是困难的，所有的孩子对大人试图改变他都会反抗，何况是患有多动症的孩子。要经过十分复杂、循序渐进的训练过程才可能得到转变。

要丈夫（妻子）或家中其他人改变他们的行为方式是困难的，因为这些方式的形成，是由他们的性格、生活经历、环境等各方面因素所决定的。每个人都会觉得自己是对的，希望对方做出让步。所以，要在协商中求得问题的解决。

要改变自己也是困难的，因为这需要转变自己过去的处理问题方式，转变对孩子和家人的态度，转变自己的生活方式。

但是，只要学会了问题解决策略，你就能够一步一步地向目标靠近，切记要经常看到计划实施所带来的进步，勉励自己。

第三节　父母要保重自己

现代社会是竞争的社会，压力无处不在，有来自社会的、来自家庭的，对于多动症孩子的父母来说，还有来自孩子的一份压力。这里介绍一些具体的知识和一般的建议，有助于预防压力的发生，有助于最大限度地减少不可避免的压力的影响，让父母在辛苦之中保重自己。

一、预防压力的出现

首先要做的事，是要找到压力发生的来源。许多父母只注意到自己苦闷烦恼、紧张、心慌、疲劳、头痛，把注意力放在如何应付压力、减轻苦恼、不适，而不考虑是什么原因引起压力，这实际是头痛医头、脚痛医脚的做法。只有对引起这些情况的原因防患于未然，找到、避免或至少可以降低压力的来源，才是更好的解决办法。可以尝试以下办法：

1. 安静地坐下来，拿出纸和笔，把过去几个星期感受到的压力回忆一遍。记下所有直接引起压力的事件，孩子做了什么事使我如此沮丧？别人对孩子做了什么？丈夫做了什么？学校里发生了什么事？

例如：孩子和同学打了架

邻居的孩子羞辱了我的孩子

学校要处分孩子

丈夫和校长吵了一架

我和丈夫吵了一架

学校运动会不让我的孩子参加

2. 再来仔细看看每件事情，怎样做就能够避免这件事的发生或减轻这件事的后果？自己的反应是否恰当？在所记录下来的每个事件的后面，写下至少一种解决的方法。

例如：	事件	解决的方法
	孩子和同学打了架	应该去看看心理医生
	邻居的孩子羞辱我的孩子	请邻居孩子到家里来玩，告诉他每个人都有弱点
	学校要处分孩子	给老师解释孩子缺乏自控，我们正在想办法帮他，希望老师谅解
	丈夫和校长吵了一架	劝阻丈夫的冲动
	和丈夫吵了一架	告诫自己吵架不能解决问题
	学校运动会不让孩子参加	带孩子去郊外玩，让他的精力有发挥的地方

3. 然后选择一个（最多两个）压力事件，下定决心以后要避免这样的事情发生。

例如：和丈夫吵了一架——当和丈夫发生争执时，到外面走一圈，双方平静了再谈

丈夫和校长吵了一架——当丈夫冲动的时候，要当"消防队员"

4. 把这两个要预防的事情写在小纸条上，贴在家里经常看得见的地方，提醒自己。

5. 每天花几分钟，想象自己在运用这个计划。这样的练习可以增强信心，当下次这类事情出现的时候可以随时阻止它的发生。

6. 当实际运用新的方法解决了 1～2 个问题后，就要坚持下去，应对其他压力事件。每次只对 1～2 个问题下功夫，直到自己有信心驾驭或消除这些压力事件，再去应对另外的更多的事件。

二、应对无法避免的事情

当今压力已经成为每个人生活当中的一部分，有时无法避免，心理学家设计了许多应对策略，用以减少压力事件所带来的消极影响，这些方法是十分有效的。由于篇幅有限，这里不能深入讨论，以下只做扼要介绍，如果父母们有兴趣，可以到书店购买书籍或上网查询。

1. **延缓反应**　我们多数人都会对压力事件采取立即的、冲动的反应，当情绪激动的时候（愤怒或焦虑），身体也会产生反应，例如，心跳加快、呼吸急促、脸发红、手发抖，身体内的肾上腺素急剧释放，这时候，头脑内

除了愤怒没有别的思维。事实上，这种冲动的反应时常导致令人遗憾的结局。因此，有时候什么都不做反而是最好的，当愤怒时可以选择离开一会儿："我出去走走"，或者安慰孩子一句"我们等会儿再说"。

孩子的问题常常导致父母恼火，这时候头脑里充满了"天啊，我该怎么办？"或者"这行不通，我没办法了，我不知道该怎么办"之类的想法。这样想其实于事无补，试试放松一下，让自己平静下来，去思考这个问题，看看有什么解决的办法。人类头脑的高明之处就在于：只要不扰乱它解决问题的自然本领，它就可以想出办法。请给大脑一点时间。

2. 练习放松　当面对一件无法避免的压力事件出现的时候，进行放松练习，可以减轻整体的压力水平。例如接到到学校的电话说你的孩子和别人打架，要你下午去见校长。在见校长之前，当想到可能听到的责备时，心理压力就出现了，你会感到烦躁不安，想发脾气，担心自己在校长面前失控，讲出一些不得体的话来。这时候，试着坐下来，进行放松，比如深呼吸、逐步放松肌肉，这些练习可以起到预防效果，使你不至于把事情弄得完全不可收拾。

3. 把眼光放远些　避免把事情弄得不可收拾的另一个方法是当遇到压力的时候，要把眼光放远些，不要在小事上钻牛角尖，而应该从自己的角度或孩子一生的角度来看待这件事。这时候你会认识到这件事并没有你想象的那么严重，一切都会过去的。以刚才见校长的那件事为例，你可以听听校长所说的详情，想想这不过是一次与校长的见面而已，平时还没有机会和校长交换教育孩子的意见呢，校长的意见不会给孩子的生活带来重大灾难，作为家长我可以应对这样的会面，和校长讨论孩子的未来。

4. 想好结果再开始　无论是在压力事件之前还是之中，都要想想事情的结果会怎样，最终是对孩子有利还是有害。期望好的结果可以降低反应的激烈程度，从而避免把冲突升级，使结果恶化。

第四节　父母自我调适的方略

抚养多动症的孩子会使父母身心疲惫，为了缓解压力，保持身心健康，可以参考以下的建议：

一、共同照顾孩子

每个人的精力都是有限的，通常照顾孩子的责任大部分都落在妈妈身上，要和丈夫商量一下如何分担照顾孩子的责任。例如一个人负责辅导语文，一个人负责辅导数学；或者轮流，一个人照看孩子，另一个人负责家务；如果有一方经常外出工作，那就让他周末照顾孩子一两个晚上，这样可以让妈妈有时间安排个人兴趣，以及有时间好好歇息一下。

二、外出度个周末

有时恢复精力的唯一办法就是离开。周末让丈夫照顾孩子，自己可以去看看朋友，做一下美容，躺在沙滩上阅读一本好书，参加远足，或者做一些自己感兴趣的事，补充睡眠等。你会看到，你不在家的时候，孩子和爸爸相处得很好。也可以请爷爷奶奶或外公外婆照顾孩子，夫妻一起离开一下——夫妻关系也需要调整、更新。

三、培养一种爱好

最不可取的是牺牲自己——为了陪伴孩子而把个人的乐趣和活动时间完全放弃，这会使你觉得筋疲力尽、压力重重、心烦气躁。为了自己和孩子，需要经常做一些可以产生满足感的事情，例如参加健身俱乐部、打保龄球、参加合唱团、跳舞、练健美操、瑜伽等，还可以学陶艺、插花、缝纫、绣花……只要觉得快乐，寻求个人乐趣和作一次短途旅行一样可以重振身心。

四、寻求朋友安慰

不要忘了和那些已相交多年的朋友保持友谊，我们很多人因为忙碌而让这些关系淡化了。向朋友倾诉你的烦恼、卸下你的负担有巨大的治疗作用。有一个了解并关心你的人不但可以向你提供支持，还可以帮助你从新的角度看待问题；当然，你也同样可以帮助你的朋友。

五、参加家长联谊会

在很多地方多动症孩子的家长自发组织了联谊会，定期举办活动。参加联谊会有很多好处，家长联谊会是一个信息大源泉，大家可以交换帮助孩子的体会，孩子最近的进步，互相提供安慰，汲取别人的经验，很多家长在那里认识了真心朋友，觉得参加活动也是放松的好地方。

六、认识和改变思维模式

在处理自己的心情问题时，可以运用 ABC 理论来调适情绪。ABC 理论认为如何看待一个事件，决定了你会有什么样的感觉，如果看一些消极的、痛苦的、负面的信息，就会煽起消极情绪的火焰，如果我们辨识这些消极的思维模式并改变为积极的、向上的思维模式，那就可以减少甚至消除这些消极的情绪反应。

有一位来咨询的家长谈到，她的孩子经常在商店里发脾气，一定要买他要的玩具，达不到目的就躺在地上打滚，自己觉得很没面子，而别的家长却有办法对同样的行为平静地应付。

对待孩子在商店里发脾气这件事，她可能这么想：

"这孩子怎么可以这样让我丢脸？每个人都在围着我们看，他们会怎样看我？他们一定认为我是一个很不称职的母亲，因为我不能很好地管教孩子。真后悔带他来商店，我以后再也不能来这里了。"——这样，她感到很沮丧。

如果换一种思维：

"我不能向孩子的无理要求屈服。他知道规矩，在来这里之前我们就说好了不买玩具，我是孩子的老师，他应该学会遵守诺言。他造成围观让我丢脸自然是没面子，我如果向他屈服就会助长了他"——这样就会因为自己的责任而振作起来，坚持到底。

父母们可以随身带一个小本子，把自己在面对一件引起压力或苦恼的事件时所想和所说的记下来。学会识别自己的消极的思维模式，那么在下次压力到来的时候，就可以尝试用更积极、更乐观、更有宽容性的思维来代替。

七、寻找生活中的美

保持好心情的重要一点是享受生活，我们要关注身边每一点滴的真、善、美，不要被不断出现的事务所缠绕，忘记了去观察周围的缤纷世界。关注每一刻大自然所赐给我们的一切，这可以加倍地回报我们，使我们的身心、情绪都得到恢复，大大减少照顾多动症孩子所带来的压力。

特别提示

多动症孩子的症状给家庭造成烦恼，又可能因为家庭因素而逐渐恶化。多动症孩子的预后很大程度上取决于家庭因素。调整好家庭关系、调整好自己的心情，是为自己、为家庭，更是为了孩子。

第十章

多动症孩子
长大了会怎样

1956 年麦瑞思曾追踪一组多动症儿童，发现他们成人期时患精神病和社会病态者较多，这一研究结果将儿童期多动症与成人精神病现象联系在了一起。从那以后，国外对多动症开始了随访研究，以了解多动症在成人期的结局。比较著名的研究有 10 余个，追踪年龄从 6 ~ 12 岁到 20 ~ 30 岁，时间长达数 10 年，结果发现大约 10% ~ 60% 多动症持续到成年期。

第一节　儿童多动症在成人期的结局

美国犹他大学伍德教授对儿童期有多动症病史的 21 ~ 60 岁的成人进行调查，发现 67% 的对象仍然存在注意困难、坐立不安、情绪不稳定、冲动、易发脾气等症状，与儿童多动症有着延续性，因而提出了成人多动症的概念。这些人适应环境能力较差，常常面临着以下方面的问题。

1. **学业情况**　多动症患者相比对照组的平均受教育年限低 2 ~ 3 年，很少能接受大学教育。有的即使上了大学，也难于毕业。一项研究发现多动症患者有 22% 进入大学，但仅 5% 毕业。

2. **工作情况**　在 24 ~ 25 岁时多动症患者工作状况显著低于对照组，他们的工作能力、工作独立性、完成任务能力、和上级融洽相处的能力较差。最常见的工种是技术工人，在 10 年里平均改换工种 2 ~ 3 次，被解雇的频率是对照组的 3 倍。

3. **人际关系**　多动症患者成年后与同事的关系不融洽，容易激惹，和他人发生冲突，因而很难交到朋友，常感到孤独。成家后与配偶、子女的关系也难以融洽，分居、离婚率高。

4. **发生事故**　多动症患者开车莽撞，40% 有至少两次交通事故，60% 受伤。一项关于健康照顾经费的追踪研究，对 1976 ~ 1982 年出生的儿童追踪到 1995 年，发现多动症患者住院、门诊、急诊均高于对照组，多动症的健康照顾经费两倍于无多动症的人。

5. **性行为**　多动症患者交往异性的年龄比对照组早，性伙伴多，导致性伙伴怀孕的多，有更多的性传播疾病。

6. 物质滥用 国外对目前有物质滥用的成人进行回顾性的调查，发现在使用海洛因、可卡因等毒品的人群中，童年时患多动症者的比率高。这些人发生物质滥用的时间早，使用毒品次数更频繁，他们也有更高的酒精中毒率和药物（例如安眠药）超量率。对多动症儿童和正常儿童追踪到青少年和成人早期的前瞻性研究也表明，多动症组物质滥用增加，多动症共患对立违抗、品行障碍者比单纯多动症者更容易发生物质滥用。

7. 情绪障碍 研究发现，多动症儿童成年后，抑郁障碍的发生率为27%；心境恶劣、环性障碍、双相障碍、广泛性焦虑、精神分裂症的发生也高于一般人群。

8. 反社会性人格障碍 反社会性人格障碍表现为行为不符合社会规范，经常违法乱纪，对人冷酷无情，对亲人缺乏爱和责任心，经常说谎和欺骗，易激惹、冲动，并有攻击行为，给个人、家庭和社会带来不良影响。多个追踪研究报道，多动症儿童成年后，反社会性人格的发生率为12% ~ 23%。

由此看来，多动症的预后不良。尽管成年后外在的多动已经不明显，但他们仍存在着适应环境的困难，有些还引起法律问题。关注和帮助成人ADHD患者是我们面临的新课题。

第二节 影响多动症预后的因素

我们先看看彬彬的故事。

彬彬是一名15岁的女孩，她正在一所幼儿师范学校读书。父母在她初中毕业时认为她不适合上高中而为她选择了这里。她智力正常，也没有学习障碍，最大的问题是不能把注意力集中在学习上，在完成很重要的任务时不能保持持续的努力。

彬彬的问题其实从幼儿园就开始了。贯穿于她的整个学校教育过程中，老师总是批评她注意力不集中、马虎和不听劝告。她经常会忘记带上课必需的东西；在课堂上她总是很快地举手回答问题，但经常是给出一个错误的答案。她不能够单独完成学校布置的作业，做作业拖拉，丢三落四，虽然她知道问题的答案或者解决问题的正确途径。当指出她作业中的错误时，她能够很快地说出错在哪里。她的父母和老师也曾经尝试着用行为报告卡来帮助她提高学业，但是只取得了暂时的效果。

彬彬很善良，愿意帮助其他小朋友，她的玩具也总是带到学校和别人一起玩，因此她有不少好朋友，其他的孩子喜欢她并且愿意和她在一起，她一般不会违反纪律，打扰别人。

心理学家测试她的智商为115，然而她写字总是出格，而且很慢，她的精细动作发育与其他孩子相比也比较延迟。

她的父母受过高等教育，并且期望彬彬能上大学。彬彬一直和她的父母相处得很好。彬彬的自尊心曾经比较低，有一段时间因为学习困难而比较消沉。在父母的鼓励下，她又振作了起来。

现在她的活动量比小时候明显减少了许多，但还是有点坐不住，坐着的时候双脚前后摆动，做事的时候玩弄手指或者铅笔，或者不断地改变姿势。尽管如此她的老师还是很喜欢她，认为她仅仅是有点幼稚，注意力容易分散而已。她活泼好动的性格使她完成唱歌、跳舞、游戏等课程很令老师满意。在这所中专学校，她得到了老师的接纳，过得很开心。

彬彬代表了一部分预后较好的多动症患儿，疾病对她的影响较少，顺利地进入了青春期。这是因为多动症只是影响了她的学业，而对社会活动和家庭生活影响较小。还因为在学校里有那么多理解她的老师在尽力地帮助她。她的父母也在尽力地保护和辅导她，他们审时度势，没有强迫她上高中、考大学，明智地为她选择了适合她性格的幼师专业。她获得了较好的社会支持。然而还有一点不容忽略，那就是彬彬对人的亲和力，这种个性可以让其他人原谅她在学业方面的问题，也可以让她自己很快地从受到的挫折中振作起来。另外亲密的友谊对于压力的缓冲也是不可或缺的。最后还有一个原因就是彬彬有较高的智商，这可以帮助她找到更多有效的方法去应对在学校里面临的各种困难。

美国游泳运动员菲尔普斯也是一个很好的扬长避短的例子。他从小活动过度、很难集中注意力、粗心大意、顽皮捣蛋。学习成绩一直不好，大部分是B和C，甚至还有几门功课得了D，在9岁时诊断为ADHD。他的妈妈及其教练发现了他在游泳方面有过人的天赋和兴趣，之后妈妈有意引导他向游泳靠拢，并且在教练的帮助下，坚持顽强的训练。1999年美国少年运动会上，14岁的菲尔普斯打破了20岁年龄组200米蝶泳的纪录。其后在连续三届奥运会中菲尔普斯赢得了 18 枚金牌和 22 枚奖牌，创造了奇迹。

但这并不是说他的多动症好了。因为缺乏自我控制，他因吸毒、酒驾等丑闻而被捕，使他再次登上头条新闻。之后他陷入了抑郁症，甚至想自杀。在家人和大家的帮助下，菲尔普斯戒掉了毒品，在里约奥运会东山再起，再次夺冠。菲尔普斯的心路历程，是典型的 ADHD 患者的心路历程。我们希望这位奇才在今后的生活、工作中走得更好。

研究者分析了导致儿童期多动症持续到成人期的因素（医学上叫做预后），研究发现以下因素与预后有关。

一、儿童自身因素

1. 症状的严重性　多动症的症状严重，特别是在学龄前症状就十分明显，是预后不良的重要因素。

2. 早期发育水平　儿童早期语言发育较迟缓、智商偏低，学习成绩差者，预后不良。较高的智商预示着多动症儿童可以有更好的学业成就，将来更能适应社会。

3. 共患病　出现攻击性行为、情绪不稳和品行障碍可以预测青少年及成人期的不良结局，包括学业失败、社交问题、物质滥用、青少年违法、反社会人格和成人期犯罪等。

4. 伙伴关系　儿童期伙伴关系差与成人期人际关系不良、社交问题有关。

二、环境因素

1. 低社会经济阶层　家庭处于低的社会经济阶层与不良预后有关，特别是与学业成就有关。

2. 家庭环境　破裂家庭、教养方式不良、亲子关系紊乱与攻击性行为、反社会人格有密切关系。

3. 父母的心理状况　父母有反社会行为、物质滥用，或患有焦虑症、抑郁症，儿童会面临更多的困难。家族中有精神病家族史也可能影响预后。

4. 儿童智商和学习状况　智商较高、学习成绩较好，没有伴发其他问题，父母及教师注意教育帮助，较早开始综合性治疗（包括药物、特殊教育、辅导父母、训练儿童自我管理能力、学校心理咨询、儿童的个别心理治疗），并坚持治疗数年直至青春期者，预后较好。

魏斯指出并非某一个单个因素可以预测结局，智力因素、情绪稳定性（攻击性、对挫折的耐受性）以及家庭环境、亲子关系等因素综合起来，可以预测多动症在成人期的结局。

特别提示

鉴于近30年来对多动症预后的研究，提示多动症对患者个人、家庭、社会的危害，儿童精神病学家提出多动症的新概念：多动症不是一种儿童期的疾病，而是一种终生疾病，需要我们给予终生的干预。对于全社会来说，也是一个重要的临床和公共卫生问题。

作一个合格的父母，正视孩子的问题，从童年早期开始积极的、科学的干预，是使自己的孩子健康成长的关键。愿每一位父母都成为合格的家长！愿每一个孩子成材！

45